Hélène,

BQilée au bout du monde,
en signe d'amitié
et aussi de reconnaissance
pour l'envoi de ses très à
part

Reinhard
Aubilly, 26 avril 2009

CLes faictz de Jesus Christ z du Pape / par lesquelz
chascun pourra facilement congnoistre la grãde difference de entre eulx : nouuelsemẽt reueuz/corrigez/z augmentez/ selon la verite de la saincte Escripture/ z des droictz canons/par le lecteur du sainct Palais.

CEusebius ad Lectorem in Antithesin Christi z Antichristi.

Quam male conueniant cum Christi pectore Iesu.
Pontificum mores: iste libellus habet.
Hec lege: qui vere pietatis amore teneris,
Hoc pius/z lecto codice doctus eris.

CAu lecteur Chrestien.
Lecteur tu vois/les faictz de Jesus Christ
En ce liuret/aussi les meurs du pape
Christ donne tout/pour neant:par son Esprit/
Le Pape non:mais tout bien prent z happe.

15 . F. MDL. 42

Christ.

Je suis ung ver & non pas hóme/ la derisió des hómes/ & le mespris du peuple. Psalm. 21.

Le filz de hóme nest point venu pour estre servy: mais pour servir. Mat. 20.

Christ sest aneanty soymesmes/ prenant la forme du serviteu/ faict en la similitude des hómes/ & trouue en habit cóe/ hóme/ il sest humilie soymesmes/ & a este faict obediét iusques a la mort/& la mort de la croix. phi. 2

Pierre.

Christ a souffert pour nous/ vous laissant exemple: affin que ensuyuez ses voyes. 1. Pet. 2.

Il ny a en luy ne beaulte/ne forme/mesprise & plus vilipende que tous. Item nous lauons estime comme ung lepreux/& auons este gueris par la basture diceluy. Esaye. 53.

Le Pape.   Nous auos la seigneurie de toute la terre/car a nous appartiét iuger de toutes causes:& a nul de iuger de nous / ne de nostre iugement. 9.q.3. Cuncta. Nemo aliorű facta. Car nous auons tous les droictz cachez en larche de nostre coeur. Nó pas de pur homme:mais du vray Dieu sommes lieutenás en terre.c. quáto de transla. Nous sommes assis sur la chaire de pminéce. de sepul. sup ca. Tous princes romains ont adore nře stege. de turetur.in Clemé. Roma. prin. Le Pape se dit servus servorű: affin quo cógnoisse ql est le vray Chanaá q est mauldict. Gen. 9. Et en ce monstre clerement son hypocrisie/veu quil vsurpe autorite sur tous. Et se faict appeller sanctissimus př/pere tressainct/cóe estant sur le pere/lequel Jesus appelle př sancte. Jo. 17. Il a prins ce nom des idolatres cóme Paulus pere de Aphricanus/ estoit appelle. Macrobius de somno. Scipio.in prínci.

Regna fugit Christus.

¶Jesus doncques quand il congneut que ilz debuoyent venir pour le prendre / et le faire Roy: de rechief se retira seul en la montaigne. Joan. 6.

¶Mõ Royaulme nest pas de ce monde. Joan. 18.

¶Les Roys des gens ont domination sur eulx / τ ceulx qui ont puissance sur tceulx sont nommez bienfaicteurs: mais il nest point ainsi de vous. Ains celuy qui est le plus grand dentre vous / soit faict comme le moindre: τ celuy qui precede comme le serutteur. Car lequel est le plus grand / celuy qui est assis a table / ou celuy qui sert: nest ce pas celuy qui est assis a table: Et moy te suis au millieu de vous comme celuy qui sert. Luc. 22.

¶Le diable le transporta sur une montaigne fort haulte / τ luy mõstra tous les Royaulmes du monde τ la gloire diceulx / τ luy dist. Je te donneray toutes ces choses / si en toy prosternant tu me adozes. Adoncques Jesus luy dit. Va Sathan: car il est escript. Tu adozeras ton Seigneur Dieu / τ a luy seul tu serutras. Matth. 4.

¶Et aucun luy dit. Maistre dis a mon frere quil partisse auec moy lheritaige. Et il luy dist. Homme qui ma constitue iuge ou partisseur sur vous. Luce. 12.

¶Clerement lon voit comme Jesus ne veult seigneurie / ne puissance / ne office terrien: mais seulement est apres la predication / τ a soulaiger le peuple: τ pour deffense quelconque / ne menasses il ne desiste de faire ce que son pere luy a commande. Luc. 13. Joã. 7. τ 8. La ou le Pape ne tache que faire sa volunte / repugner a Dieu τ aux princes ausquelz par ses droictz il doibt estre subiect. distin. 8. quo iure. distin. 9. imperatores.

Sed presul suscipit
Vrbes.

℧Le Pape excom
munie to⁹ Vicaires/
⁊ tenãs aucune cho
se de Lempire si du
tout ne se demettent
laissantz tout ce q̃lz
tiennent/cassant to⁹
sermens/⁊ iuremẽs
faictz du peuple a i
ceulx:⁊ pour le veoir
plus a plein quon re
garde le chapitr. Si
de fratrū. qui est du
pape Iehã.xxij. Ne
sede vac. aliquid in
nouet extrauag. Si
de fratrū.Et oyez en
cores cõme il se ma
gnifie/⁊ aneantist sa
puissance de Lempe

reur/disant: Nous sans doubte auons superioritte sur Lempire/⁊ icelup vacant
nous luy succedons/ayans plentitude de puissance/laquelle le Roy des roys/⁊ le
Seigneur des Seigneurs nous a donnee/le Roy aussi de Cecile nous est sub
iect iusticiable/⁊ nostre Vassal/tenant de nous son Royaulme ⁊ terres.in Clemen
ti.de senten.⁊ re iudica. Pastoralis. Lempereur Côstantin nous a donne Lem
pire doccidẽt/la couronne/⁊ le mãteau de pourpre/⁊ tout ce que appartiẽt a la digni
te Imperiale.12.q.1.futuram.⁊ dist.96. Côstãtinus. Les Empereurs doibuent
estre subiectz aux Euesques non point auoir preminẽce.dist.96. Si iperator. Les
pstres sõt maistres ⁊ peres des princes.dist.96. Quis dubitet. ℧Regardez chre
stiens si tout le droict Canon ne tache a cela de destruire tous Roys. Empereurs/
⁊ Seigneurs/⁊ leur oster le glaiue/leql Dieu leur a dõne/cõme S. Paul dit aux
Rõmains.13.pour accomplir ce que dit S. Pierre/que se sont auteurs de sectes/cõ
me est le Pape ⁊ les religieux/qui contẽnẽt la domination. 2.Pet. 2. ℧Quo re
garde la vie de Boniface.viij.cõme il sest porte enuers les Empereurs/⁊ la vie de
Hildebrãt grãd magicien/quon appelle Gregoire septiesme/quest ce q̃l na faict po
destruire Lẽpire:cõbien tous les Papes ont este a Lẽpire:⁊ les grandz tors q̃lz
ont faict aux droictz ⁊ naturelz seignrs leurs ostãt leurs seigneuries ⁊ royaulmes/
les dõnant aux traistres q̃ maintiennent les Papes? ℧O princes quand aurez
Vo⁹ yeulx de recõgnoistre celuy qui cõmande quon Vo⁹ rende ce quon Vo⁹ doibt/ne
Voulant Vsurper ne Vo⁹ oster Vostre puissance.Luc.12. Mat.17.22.

De ceste
faulse
donatiõ
Voyez
Laurẽs
Valle en
sõ liure.

Spinosam Christus.

¶ Certes Christ na point pleu a soy-mesmes/ mais ainsi quil est escript. Les opprobres de ceulx qui te reprochoyent/ sont cheuz sur moy. Rom. 15.

¶ Les gensdarmes du preuost prindrent Jesus au pretoire/ et assemblerent deuant luy toute sa multitu-de/ ¶ le deuestirent et luy mirent au tour de luy vng manteau de pourpre/ ¶ ployerent vne couronne despi-nes: ¶ la mirent sur son chief. ¶ vng rouseau en sa main dextre/ ¶ se agenouilloyent deuant luy/ ¶ se mocquoyent de luy/ disans: te te salue Roy des Juifz/ ¶ crachoyent contre luy/ ¶ prin-drent vng roseau ¶ frappoyent son chief. Matth. 27.

¶ Et Herode auec son exercite le contemna/ ¶ se mocqua de luy apres quil leust ve-stu dung vestement blanc/ ¶ le renuoya a Pilate. Luce. 23.

¶ Chrestiens ie vous prie retournez vous a ce tresdoulx ¶ tresbening Saulueur Jesus/ qui tant pour vous a porte de tormens ¶ afflictions/ mort pour vo[us] en tres-grosse angoisse ¶ paourete. Helas que vous a il faict que vous ne venez a luy/ qui tant amyablement vous appelle. Pource quil vous donne tout ¶ plus que on ne scauroit dire ne exprimer/ le voulez vous contemner ¶ laisser pour retourner a ly-dole de Rome. Helas il y a bien choys/ Christ vient pour vluifier/ ¶ le Pape pour tuer/ Christ vous instruict/ Le Pape vous destruict/ Christ vous nourrist/ Le Pape vous deuore/ Christ doulx ¶ pitoyable a contempler/ Le Pape est fier ¶ or-gueilleux/ triumphant ¶ faisant grand chere de vostre sueur ¶ sang/ se estouffant de vostre mort. Et vous le suyuez en delaissant celuy qui pour vo[us] a souffert tous opprobres ¶ maulx/ affin que vo[us] triumphissiez ¶ eussiez le Royaume eternel/ Le-uez voz yeulx ¶ regardez quel change auez faict.

¶Quel ozgueil/ quelle pö=
pe/ quelle boubance peult e=
ftre cöparee a celle du Pape
a fon Beftement ⁊ fon cozon=
nement: neft ce pas la grãd
paillarde: de laquelle eft dit
quelle eftoit affife fur Bne be
fte rouge plaine de noms de
blafphemes: laquelle eftoit
enuitönee de pourpze ⁊ def=
carlate/ ⁊ dozee doz ⁊ de piez=
res pzecieufes/ ⁊ de margue=
rittes ayant en fa main Bng
calice doz plain dabomina=
tion ⁊ dimmundice de fa foz=
nicatiõ. Elle Ba a perditiõ:
⁊ fe efmerueilleront les habi
tans de la terre/ qui ne font
point efcriptz au liure de fa

cöftitution du monde. Apoca. 17.   ¶Le pape fe Bante quil a eue en don fa cozonne ⁊ fe
manteau de pourpre ⁊ aultres abillemens imperiaulp/ comme il appert. diftinc. 96. Cõ=
ftantinus. Non obftant que iamais Empereur neuft telle cozonne/ ne telz abillemẽs que
fe pape pozte/ en fe mocquant de Jefus ⁊ de S. Pierre/ pour eftre adoze des hommes: com
me fainct pere ⁊ Dieu en terre. Comment ne regarde fon ce qui eft dit de tenir le lieu des
fainctz: ce neft pas eftre en leur place/ mais fuyure leur foy: comme il eft contenu au de=
cret. diftinc. 40. Non eft facile. Il fault faire comme S. Pierre qui Beult eftre fon fucceſ=
feur/ aultrement qui faict comme Judas/ Anne/ ⁊ Caiphe/ ⁊ Simon magus: il eft leur
fucceffeur/ la dignite ne faict point Leuefque/ mais la Bie. 2. qõ. 7. Non omnes. Tous qui
ayment menfonge fon filz du diable/ non feulement en parolles: mais auffi en faictz/ ceft
menfonge foy dire Chzeftien/ ⁊ ne faire les oeuures dung chzeftien/ foy dire euefque ⁊ fai
te le contraire. 22. q. 5. Cauete fratres. Ne Boit on pas que tout condemne leftat du Pa=
pe/ puis quil ce dit fucceffeur de Jefus ⁊ de Pierre/ ⁊ ne tient rien de eulp: mais leur eft
en tout contraire/ qua il conforme a la cozonne defpines ne auec la pzedication de fainct
Pierre: Rien.

                                                                                    B

Abluit ille pedes.

¶Jl fault Chrestiens que
vo⁹ suyuez ce bõ Sauueur:
car il est la lumiere du mon
de:qui va apres luy il ne va
poit en tenebres / mais a la
lumiere de vie. Joan.8.
¶L est le filz de Dieu bié
ayme / lequel le Pere nous
cõmãde de ouyz.Matth.17.
¶Pour vray ainsi quil a la
ue les piedz de ses apostres:
ainsi il nous a laue en soy
humiliãt / po² nous a souffert la mozt / cõme ung pao.
ure malfaicteur / combien

quil neut iamais faict mal/pourtant delaissant tout / allons a luy par vraye foy/tenans
sa saincte parolle/ayans charite/regardant ce quil nous dit.
¶Si doncques moy Seigneur ⁊ maistre ay laue voz piedz / vous debuez aussi lauer ses
piedz lung de lautre. Car ie vous ay donne exemple/affin que faciez comme ie vous ay
faict. En verite/en verite ie vous dis/que le seruiteur nest point plus grand que son sei-
gneur/ne Lapostre/que celuy qui lenuoye. Si vous scauez ces choses / vous serez bienheureux si vous les faictes. Joan.13.
¶Apzenez de moy que ie suis debonnaire ⁊ humble de cœur.   Matthe.11.
¶Je suis au millieu de vous comme celuy qui sert. Luce.22.
¶Sentez en vous ce qui a este en Jesus Chzist/lequel comme ainsi fut quil estoit en la
fozme de Dieu il na point repute larrecin estre esgal a Dieu:mais il sest aneanty soymesmes pzenant la fozme du seruiteur/faict en la similitude des hommes/ ⁊ trouue en habit
comme homme. Jl sest humilie soymesmes/⁊ a este faict obedient iusques a la mozt/voy-
re la mozt de la croix.   Philip.2.

Reges his oscula prebent.

Il fault soubz peine de dā
nation faire ce q̄ le Pape dit
q̄ de necessite de salut: q̄ tou
te humaine creature soit sub
tecte au pontise de Rôme/ le
quel est chief de leglise de Ie
sus/ duq̄l il est Vicaire ayant
les deux glaiues/ le spirituel q̄ temporel/ qui doibt iuger de tous/ q̄ personne ne
doibt iuger de luy. Extra de
maioritate et obedi. Vnam
sanctā. La ou il dit q̄ Leglise na q̄ vng chief/ cest Iesus
Christ: q̄ il se dit estre chief/
il fault ou q̄l soit Ies⁹ christ/
ou q̄ leglise aye deux chiefz/
ou si le Pape est chief/ Ies⁹
ne lest point/ q̄ si Iesus est
chief/ le Pape ne le peult
estre.

Ilz ont adore la beste/ disans: Qui est semblable a la beste/ a laq̄lle a este donnee gueu
le parlant grands choses q̄ blasphemes/ laquelle blaspheme Dieu/ q̄ son nom q̄ son taber
nacle/ q̄ ceulx qui habitent au ciel/ q̄ luy a este donne de batailler contre les sainctz/ q̄ les
vaincre/ q̄ tous ceulx qui habitent en la terre lont adore/ desquelz les noms ne sont point
escriptz au liure de Vie/ q̄ aucun ne pourra Vendre ne acheter sil na la marque ou le nom
de la beste/ ou le nombre de son nom. Apoca. 13.   Ceste orgueilleuse fasson de faire bai
ser les piedz a prins le Pape des tyrans de Perse/ comme lon peult Veoir es dialogues
de Lucien in Nigrino/ q̄ faict mention de ce baisemens en ses canons. De priuile. clerc.
cum olim. q̄ in Clementi. de senten. excōmu. Si summus ponti.   Sainct Pierre Vray
seruiteur de Dieu ne souffre point que Cornille se iecte a ses piedz: mais luy commande
q̄ il se lieue/ disant: ie suis hôme. Act. 10.   Et S. Paul/ q̄ Barnabas aussi ne souffrent
lhôneur quon leur Veult faire. Act. 14   Mais ces horribles que diray ie/ pires que hō
mes qui iamais fussent/ se sont adorer mesmes des haultes puissances de ceulx qui ont le
nom de Dieu. Psal. 81. O cecite/ o horrible ydolatrie.   Il y a sept baisiers du Pape: a la
bouche/ a la poictrine/ a lespaule/ a la main/ aux bras/ aux genoulx/ aux piedz. Le diacre
luy baise les piedz auant quil lise Leuangile/ q̄ le souldiacre apres auoir leu lepistre.

B ij

Vectigal soluit.

CRēdez a Cesar ce qui est a Cesar/z a Dieu ce qui est a Dieu.Matth.22.

CSoyez subiectz a toute humaine creature po² dieu/ soit au Roy comme au plus excellent / soit aux ducz cōme aux enuoyez de par luy pour faire vengeance des malfaicteurs/z po² la louenge des bons.1.Pet.2.

CVo⁹ seruiteurs soyez subiectz en toute crainte a voz seigneurs / non seulement aux bons z modestes/mais aussi aux difficiles.1.Pet.2.

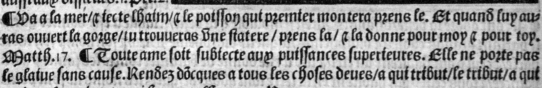

CVa a la mer/z iecte lhain/z le poisson qui premier montera prens le. Et quand luy auras ouuert la gorge/tu trouueras vne statere / prens la/ z la donne pour moy z pour toy. Matth.17. CToute ame soit subiecte aux puissances superieures. Elle ne porte pas le glaiue sans cause. Rendez dōcques a tous les choses deues/a qui tribut/le tribut/a qui crainte/la crainte/a qui honneur lhonneur.Rom.13.

CEt affin quon voye que le Pape z les siens ne tiennent cōpte/ne de la saincte escripture/ne de ce que parauant a este ordonne: mais pour son proffit il change tout z ordonne tout au cōtraire. Il est escript que Leglise possede par le droict humain/lequel est des Empereurs/ausquelz il fault obeir.disti.8.Quo iure. Celuy qui ne obeist aux loix des Empereurs/il acqueste vng grand tormēt.dist.9.imperatores. Ainsi est dit quil fault garder les loix imperiales aux affaires humains/ z leur obeir.distinc.10.de capitulis certū vestram. Les possessions de Leglise payēt tribut a Lempereur. 11.q.1.Si tributum.23.q.8.

Tributum.Vng grand z special enseignement par lequel les Chrestiens sont apprins destre subiectz aux puissances souueraines/affin que personne ne pense que la constitution du Roy terrien doibue estre rompue. Car si le filz de Dieu a paye la cense/qui es tu qui penses quon ne la doibue payer?11.q.1.Magnum. Le seruiteur obeisse au Seigneur/quād il ne cōmande chose contraire a la saincte Escripture.11.qō.3.Si dominus.

CLes anciens nous enseignent/que les laiz sont ennemys aux clertz ce que no9 boyons par expertence: et pourtant nous deffendons a tous/soyent Empereurs/Roys/ou Barôs/ou de ĝlque estat quilz soyent/quilz nayent a exiger du clerge/ne des ecclesiasticques / ne tailles/ne tmpos/ne autre chose quelconque / soit en subside/ayde/ou par don/ou en quelque maniere quil soit/tant pour leurs personnes/que pour leurs bien acquis/ou quen apres il acquesteront/sur sa peine de excommuniement/tant a ceulx qui exigeront/ que aux clercz qui payeront. De timmunitate eccle. Clericis.ꝗ ca. Quia nõnulli.lib.bj. Et il dit que les Empercurs doibuēt estre subiectz a luy/ꞇ non pas luy aux Empereurs. 9.6.distinc.Si imperator. CAinsi le Pape a rompu le commandement de Dieu par ses canons ꞇ decretz:boyre aussi destruisant ses decretz mesmes. Dont luy vient ceste audace de bouloir exempter ses siens/ꞇ soy faire iuge/boire de tous:beu quil ne doibt estre iuge/ne congnoissant daulcun affaire des biens du môde.11.q.1. Te quidem.mais ses biês doibuent estre subiectz aux princes/ꞇ payer côme les aultres/comme S. Paul.Rom.13. escript a to9.Tout ame soit subiecte.23.q.8.Tributu.11.q1.Si tributũ magnũ.Et aussi le prince a puissance sur les corps du Pape ꞇ des siens:car il est dit/le Roy doibt refrener les larrecins/punir les adulteres ꞇ les meschans exterminer de la terre.23.q.5.Rex debet. COrest le monde du tout aueugle/bng paoure homme qui du tout na rien/charge dfans/bne paoure befue papera grosse taille/ꞇ ces putiers de prestres/ces gras moynes/ nonnains toutes pollues/qui ont tant quilz nen scauent ĝ faire/mettant lor sur le boys/ ꞇ les pierres/tant en ont/sont francz/ꞇ quelque mal quilz facent ne seront reprins de la iustice:mais supportez.

Languores sanat.

¶Grand multitude de peu
ple venoit po² louyz / ɋ pour
estre gueris de leurs mala=
dies / ɋ ceulx qui estoyent ve=
xez des esperitz immôdes /
estoyent gueris: et toute la
multitude queroit le toucher:
car vertu yssoit de luy / ɋ gue
rissoit tous. Luce. 6.

¶Isz luy presenterent plu=
sieurs demoniacles / ɋ il iet=
ta hors les esperitz par la pa
rolle / ɋ guerist tous les ma=
lades: affin que fust accom=
ply ce qui estoit dit par le pro
phete Esaye: disant / Iceluy
ɋ prins sur soy noz infirmitez / ɋ a porte noz maladies. Matthe. 8.

¶Il guerist plusieurs de leurs maladies ɋ playes / ɋ des mauuais esperitz / ɋ rêdit la veue
ɋ plusieurs aueugles: ɋ Jesus respondit ɋ leur dit. Allez ɋ dictes a Jehan ce que vous a=
uez veu ɋ ouy / les aueugles receoyuent la veue / ɋ les boyteux cheminent / les ladres sont
nettoyez / les sourdz oyent / les mortz sont resuscitez / ɋ les paoures receoyuent le ioyeux
message de Leuangille. Luce. 7.

¶Il nest aultre mention par tout fors comment le Saulueur a ayde aux paoures mala=
des incitant tous a leur bien faire / ayder / ɋ secourir: ɋ si a commande a ses Apostres quilz
guerissent les malades sans rien prêdre / ne voulant quon face mal a personne: mais mes=
mes a ceulx qui nous font mal que nous leur rendons bien pour mal. Quand Jehan ɋ
Jacques voulopent que le feu descendit pour bruster ceulx qui auoyent ferme les portes
contre Jesus / pourtant quil alloit en Hierusalem / ne dit il pas quilz ne scauoyent de quel
esperit ilz estoyent / ɋ quil estoit venu pour sauuer ɋ non pour perdre: Luc. 9.

¶Ainsi commande a Pierre qui cache son couteau / ɋ nous monstrant exemple il prie pour
ses ennemys / comme parauant il auoit guery Malchus. Luc. 22. 23.

Effuso hic sanguine gaudet.

¶Le Pape pour garder sa maieste faict touttes / ʒ aultres teup ou plusieurs paourement meurent / car sil estoit benign ʒ pitoyable aup paoures ʒ familier aup brebis / il en seroit mespzise / comme il dit / pourtant que familiarite engendze mespzis. distinc. 86. Quãdo. ʒ la glosse dit / que cest enuers les folz / comme sont simples gens lesquelz donnent grand argēt pour vng peu de papier / ou de perchemin / que le Pape leur enuoye / gardãs fozt ce quil cõmãde ʒ tremblans en ce quil defend. Regardez ñ son decret dit de luy ʒ des siens qui viuent ainsi ñ luy. ¶Celuy qui nexerce office du

regime il nest point Euesque / mais chtien impudicque. 11. qõ. 3. Qui nec. distinc. 5. Non opoztet.   ¶Je susciteray vng pasteur en la terre qui ne visitera point ce qui est separe / il ne cherchera ce qui est esgate / ʒ ce qui est froisse il ne le guerira point / ʒ ne entretiendza point cela ñ est sain ʒ mangera la chair grasse / ʒ il destruira les ongles dicelles. Zac. 11.
¶Considerez chzestiens ceste paillarde babylonicque / laquelle pzent plaisir que pour la mour delle le sang humain soit espãdu / quon se tue lung lautre / helas que peult il estime ce que le bon pasteur par son sang a achepte : ʒ est cõtraire du tout a Jesus Chzist comme vng larron ne vient sinon pour tuer / perdze ʒ destruire. Joan. 10.
¶Ses decretz ne deffendent ilz que les touttes ne soyent faictes : de tozneamētte. c. felicis. Voyze le combat qui se faict pour soy purger / non seulemēt pour plaisir. de purga. vsi. cura. significatum. Et non seulemēt ces teup meurtriers : mais la chasse luy est deffendue. distinc. 34. Episcopũ. ʒ aussi touttes ces faſſons de faire / tous ces spetacles / teup / danses / touttes voluptez / pompes / ʒ vanitez. Et les pzestres ʒ ecclesiasticques qui sont au lieu ou sentence de mozt est donnee / ou en lieu auquel aucun aultrement par sentence est mis a mozt / il est irregulier / ʒ fault quil soit rehabilite. disti. 23. his. ʒ disti. 34. psbyteri. ʒ de cõsecra. disti. 5. Non opoztet. Mais qui sont sur la terre plus põpeup / plus adonne a teup / a farces / dances / bancquetz / ʒ a tout ce que leur dzoictz mesmes deffendent :

Baiulat ille crucem.

Jesus doncqs estoit lasse du chemin. Joan. 4.

Qui veult venir apres moy renonce soymesmes/ et porte sa croix/ et me suyue. Matthe. 16.

Ilz prindrēt Jes?/et le menerēt dehors. Et il portoit sa croix allant au lieu q̃ est nōme Caluaire. Jo. 19.

Veritablement il a porte noz langueurs/ il a porte noz douleurs et nous lauōs estime frappe de dieu/et humilie: cōbien que pour noz trāsgressions il soit naure/ et pour noz iniquitez il soit mollu et brise/ nostre peine est sur luy/ et par sa basture no? sōmes gueris. Esa. 53.

O paoure et miserable mō de seras tu tousto?s endor my/ne retorneras tu point au Pere plein de toute misericorde/luy criāt mercy de ta tresgrande ingratitude et mescōgnoissance dauoir delaisse tō sauueur/sa parolle/ses sainctes ordōnances pour recepuoir et toy submettre au meschant larron/et brigāt Barrabas/ qui tant ta faict de mal/et plus tasche de iour en io?r tē faire/ prins as ses decretz et cōstitutiōes q̃ sont charges impoztables/receu as ces ceremonies et fassons/q̃ sont choses dānables/ laisse ce diable/retorne a Jesus/prens son toug et sa charge legiere/aultre ne te plaise que luy/et ce quil a ordonne/et tu auras repos en ton ame. Biēheureux serez vo? quād les hōmes vous aurōt eu en hayne/et vo? aurōt separez/et vous aurōt faict intures/et auront tecte vostre nom cōme mauuais/a loccasion du filz de lhōme. Estouyssez vous en ce iour la/et soyez en exultation: car voicy vostre loyer est grād au ciel. Certes telles choses fai soyent leurs peres aux prophetes. Malheure sur vous quād tous les hōmes vous dirōt bienheureux:car ainsi faisoyent leurs peres aux faulx prophetes. Luc. 6. Le disciple nest point par dessus son maistre:ne le seruiteur par dessus son seignr. Il souffist au disci ple q̃ soit cōme son maistre/et au seruiteur destre cōme son seignr. Silz ont appelle le Pere de famille Beelzebub/cōbien plus ses domesticques. Matth. 10. Courons par pa tience a la bataille qui nous est proposee/regardās a laucteur de la foy et cōsommateur/ pour ioye a luy proposee endura la croix en desprisant confusion/et est assie a la dextre du siege de Dieu. Mais pēsez et repēsez celuy q̃ a souffert telle cōtradictiō des pecheurs a sē cōtre de soymesmes/affin q̃ ne soyez ennuyez deffaillans en voz couraiges. Hebr. 12.

Hic seruis portatur auarus.

¶Le Pape est le chief ⁊ le gon des aultres eglises:car ainsi que la porte est gouuer nee par le gon/ ainsi de son autorite toutes les aultres eglises sont gouuernees. Il est appelle pere des peres/ cest adire vniuersel:car il est prince sur toute leglise/ ⁊ est souuerain pontife:car il est sur tous les pōtifes/ duquel cōme de la teste ⁊ceulx cōme mēbres descēdent/ de la plenttude/ duql tous prēnent/ lesquelz ilz appelle en par tie de soing/ non point a la plenttude de puissance. Ce stuy est Melchisedec duql loffice nest cōpare aux aul tres.lib.ij. rationalis dtui noru officioru.de ministris. le cōtraire est Ephe.4. Co los.2.1.Pet.5.Matth.23.

Jo.1.Heb.5 ¶O pasteur idole delaissant le troupeau/ le glaiue sur le bras diceluy/ sur son oeil dextre/ son bras de seicheresse sera sec:⁊ son oeil dextre de cecite sera obtenebre ⁊ obscurcy.Zacha.11. ¶Ceste idole ne se faict elle pas porter comme le S. Prophete Hiere mie recite des idoles.Hiere.10. ⁊ tant seslieue quil dist nestre point homme: mais plus grand que tout hōme.de electione.tn.vj.c.fūdamēta.quon regarde la glose de ce orgueil leux chapitre.Et aussi la glose du proeme des clemētines/ qui cōmēce Joānes/ la ou il dit/ papa est admirabile/ papa sup mūdi ⁊c.Qui maxima reru.nec de9 es nec homo.Si Jesus est Dieu ⁊ hōme/ ⁊ le pape nest Dieu ne homme/ il est dōc du tout cōtraire a Jesus/ ⁊ vray Antechrist/ ⁊ vng droict diable. ¶Chrestiens pour lhōneur de Jesus regardez ce pape vray filz de perdition cōmēt il est imitateur de Jesus/ en portāt persecutiōs/ veu lorrible peine ql ordōne cōtre ceulx q̄ font q̄sque chose cōtre ses cardinaulx ou legatz/ cōme tn.vj. de pente.c.felicis recordttionis.⁊ aussi.17.q.4.Si q̄s suadēte/ ⁊ semblables/ que font tāt seulemēt pour deffendre le pape ⁊ les siens:affin quilz nayent aucune croix en ce monde: mais que tous les adorēt ⁊ leur seruēt cōme a Dieu. ¶Quād ceste idole est portee ses ba stōniers vont deuant ⁊ criēt/ mettez vous a genoulx deuāt le sainct pere pour auoir sa be nediction/ cest au signe de la croix quil faict de la main/ cōme si benedicere ⁊ benedictio/ fust signer/ ⁊ non biē dire/ ⁊ biē parler/ en quoy les asnes peuuēt entēdre la grosse asnerie: du pape/ des euesques/ ⁊ de tout le mōde ainsi abuse.Et si aucun ne se met a genoulx il se ra frappe/ ⁊ sil dit ql ne veult adorer la beste/ il sera brusle.O Jesus vray filz de Dieu: ⁊ vous tous Apostres sainctz/ pourquoy nauez vous faict brusler ceulx qui tant de maulx vous ont dit votre faict. Helas vous faissez prieres pour voz ennemys/ la ou le Pape ⁊ les siens font brusler leurs amys/ ceulx qui pour lamour de Dieu ⁊ salut de tous mon strent les abus ⁊ paouretez qui sont sur laterre.

C

Pauit oues Christus.

ⅭLe douly sauueur en tou
te diligence/ est alle de lieu
en lieu/ en tornant villes ⁊
villages ⁊ par tous lieuly/
enseignant le peuple/ voyre laissant le boyre ⁊ le man
ger comme tous les Euan-
gelistes monstrent/ princi-
palement sainct Mat.4.9.
Mar.3.6.Luc.9.Disant
quil estoit enuoye pour prescher Leuãgile/ ⁊ na chose
commande si estroictement
a ses Apostres que de prescher Leuangile qui est la
pasture des ames/ de laꝗlle
il commande a S. Pierre/
que autant quil layme/ quil
donne pasture auy brebis.
Joan.21.

ⅭEt na point de desdaing le bon Jesus de prescher ⁊ ne repute point les paoures brebis estre contemptibles ⁊ a mespriser pour lesquelles il est mort: mais nous appelle ses
freres/ disant: te annonceray ton nom a mes freres. Hebre.2.   ⅭO canaille qui ne tenez compte du peuple: mais que de voz chiens ⁊ oyseauly/ estes vous plus grand que Jesus: O que la vengeance de Dieu sera horrible sur vous: puis questes tous contraire ⁊
celuy qui dit/ Je suis le bon pasteur/ le bon pasteur donne sa vie pour ses brebis. Joã.10.
ⅭMa viande est que te face la volunte de mon Pere. Joan.4. ⅭJl me fault aussi Euã-
gelizer auy aultres cttez le Royaulme de Dieu/ car pource suis te enuoye: ⁊ estoit pschãt
auy synagogues de Galilee. Luc.4.   ⅭQui ne exerce loffice quil a prins/ nest point
Euesque: mais chien impudicque.2.qõ.7.Qui nec.   Prenez garde a vo⁹ mesmes quil
nadutengne que voz coeurs soyent greuez de gourmandise ⁊ de yurongnerie/ ⁊ des soubz
cis de ceste vie/ ⁊ que ce tour la soubdain suruiengne sur vous/ car comme vng sacz il vie-
dra sur tous ceuly qui sont scandz sur la face de toute la terre. Veillez doncques prians
en tout temps. Luce.21.

¶Le larron ne bient sinon pour descrober τ tuer et destruire. Joan. 10.
¶Et tel est le Pape psent lequel selon les droictz est bray Antechrist τ inuaseur de la Chrestiente/ excommunie auec tous ses fauteurs/ pourtant q̃ par trafic τ querte/ τ par argẽt il a este Pape. distinc. 23. In nomine domini. Lequel auec ses predecesseurs na destre que effusion de sang: suscitãt toutes guerres/ qui ont este faictes/ biuant en toute gourmandise τ horrible paillardise: mais quant au preschement de Leuãgile/ quest le propre office de S.

Pierre/ τ des Euesques/ il le deffend comme son boit/ τ parauant sen estoit demis/ le commettant aux aultres. c. Inter cetera. De offic. iudi. ordi. Auquel chapitre il confesse que la parolle de Dieu est la nourriture/ τ bie de lame/ τ en grosse diligence doibt estre annoncee/ neãtmoins par les occupations/ ou par ignorance les Euesques ne peuuent prescher/ toutessops le prestre est debteur de librement prescher la berite laquelle il a ouye de Dieu mais les pasteurs sont maintenant ignorans en toute yurongnerie/ cõme dit Esaye. 56. Et ilz seruent a leur bentre/ non pas a Dieu. Rom. 16. Et pourtãt tous Euesques ne sont pas Euesques/ regarde a Pierre τ considere Judas. Rubrica. dignitas non facit Episcopum: sed bita. 2. q̃. 7.
¶Malediction a ceulx qui sont apres yurongner/ se leuant du matin pour boyre iusques au soir bouillans en bin/ qui auez en boz conuiues harpes/ lucz/ tabourins/ τ fleutes/ τ ne pensez loeuure du Seigneur. Esaye. 5. ¶Ceulx icy pour le bin ont perdu lentendemẽt/ τ pour lyurongnerie faillent/ τ sacrificateurs τ prophetes sont errans par yurongnerie enfonsez τ plongez dedans le bin. Esaye. 28.
¶Il est deffendu de donner les biens aux toueurs. distinc. 86. donare. de iouer aux detz/ τ de yurongner soubz la peine destre depose. distinc. 35. Episcopus. Celuy qui est fornicateur/ pariure/ ou larron doibt estre depose. distinc. 81. presbyter. Si quis Episcopus. Personne ne doibt ouyr loffice dung qui tient concubine. distinctio. 32. Nullus. τ ce soubz peine de excommuniement. Si aucun diacre ou prestre a commis adultere: iamais il ne peult estre repare ne restitue a son office.

Pace/ƺ inops Christus.

¶Lange dit/ne craignez point/ car voi
cy ie vous euangelize grand ioye/laĝlle
sera a tout le peuple/car autourdhuy vo⁹
est ne le Sauueur qui est Christ en la cite
de Dauid:ƺ ce vo⁹ sera signe/ vous trou
uerez lenfant enueloppe en petis draps ƺ
mis en la cresche. Et incontinent auec
Lange fut vne multitude de la gĝsdarme
rie celestielle/louãs Dieu ƺ disans/Gloi
re soit a Dieu/ƺ en terre paix/ƺ aux hom
mes bonne volunte. Luce. 2.
¶Lenfant nous est ne/ ƺ le filz nous est
donne/lempire sera sur ses espaules/ƺ ap
pellera son nom admirable conseiller.
Dieu fort/ Pere eternel prince de paix/
sõ empire multipliera ƺ sa paix sera sans
fin/il sera assis au throsne de Dauid/lequel il confermera par equite ƺ iustice eternelle
ment.Esa. 9. ¶Quand laccomplissement du temps fust venu/ Dieu enuoya son filz
faict de la femme/faict soubz la loy:affin quil rachetast ceulx qui estoyent soubz la loy/
celle fin que receussiõs ladoption des filz.Gala. 4. ¶Il na point en aucun lieu prins
les Anges/mais a prins la semence de Abraham. Parquoy il a fallu quil ayt este sem
blable par toutes choses a ses freres:a ce quil fut faict misericordieux ƺ euesque fidele
enuers Dieu/affin quil purifiast les pechez du peuple. Car en ce en quoy il a souffert ƺ a
este tente:il est puissant aussi de ayder ceulx qui sont tentez.Hebz. 2.¶Elle le reposa en sa
cresche/a cause quil ny auoit point de lieu pour eulx en lhostellerie. Luce. 2. ¶Les re
gnardz ont des fosses / ƺ les oyseaulx du ciel des nidz:mais le filz de lhomme na point
ou il repose son chief.Luce. 9. Il a este faict paoure pour vous / comme ainsi soit quil fust
riche:affin que par sa paourete/vous fussiez enrichis. 2.Corin. 8.
¶Voyez mes freres en quelle paourete/ƺ humilite nostre Seignĝr/qui est Roy des Roys/
ƺ le Seigneurs des Seigneurs est ne:ouurez pour Dieu les yeulx de voz esperitz ƺ con
templez ce que Leuangeliste dit en peu de parolles:car comme serf ƺ subiect aux princes
ses parens sont allez en Bethleem pour estre escriptz auec les aultres. Veu quil est Roy/
ou est son palays/ou sont ses escuyers:ou sont les beaulx draps de veloup/de sayes/dor/
dargent/cõme nous voyons autourdhuy que a le Pape ƺ les siens/ ƺ les paoures de Jesus
sus Christ sont tous nudz.Il est ne au tĝps de paix/ƺ a sa natiuite la paix a este annon
cee.Mais tout est trouble par le Pape ƺ ses satellites.

Strepitu venit ille
minaci.

¶ Malheur a la terre ʒ a
la mer / car le diable est des
cendu a vous / ayant gran
de ire / sachant quil a peu de
temps. Apoc. 12. ¶ Quand
il est courrouce il frappe le
peuple de playe incurable
en sa fureur / subiugant les
gés / persecutát cruellemét.
Nest ce point celuy ʒ a espou
uante toute la terre: qui a
du tout esmeu les Royaul-
mes: ʒ faict le monde vng
desert: il a destruict les villes / ʒ na point lasche les
captifʒ. Tu as destruict tó
pays / tu as tue ton peuple.
Esaye. 14.
¶ Ne pensez que ceste guerre aye este faicte / ʒ telle effu
sió de sang par Iulle / Leó /

ʒ Clement qui a aussi trahy son pays / ʒ sa ville de Florence ʒ de ses semblables / certai-
nement les hypocrites Papes par leurs doctrines peruerses ont plus tue que ceulʒ icy
du glaiue / esquelʒ cópete tout ce qui est dit des faulx prophetes et seducteurs qui sont ap-
pelleʒ larrons ʒ meurtriers. Ioan. 10. Hiere. 23. Ezechi. 13. 34. ¶ Et en leurs decretz est
dit / si tu conseille a ton frere mauuaises choses / tu le tue. de penité. distin. 1. Noli putare.
¶ Oyons comme le Pape incite les gens a la guerre. Nous absoluons tous spirituelʒ
de tous sermens quilʒ ont iure en leur prinse / commandans que non tant seulement du
glaiue spirituel doibuent vser / mais aussi du temporel / iusques a ce quilʒ ayent receu to9
leurs biens temporelʒ. 15. q. 6. c. Autoritaté. Nous dónons le Royaulme des cieulʒ a to9
ceulʒ qui mourront en ceste bataille. 23. q. 5. c. Omnium. ʒ. 23. q. 8. Omnt. Ainsi le Pape
conferme les coeurs pour hardiment se venger ʒ espandre le sang humain / côtre le com-
mandemét de Dieu. Mat. 5. Rom. 12. ¶ Et aussi côtre ses decretz par lesquelʒ il a deffen
du a tout Euesque quil ne plaidoye point po2 chose transitoire / mesmes quand il seroit ti
re en cause. 12. q. 1. Episcopus. Toute guerre aussi leur est deffendue / ʒ que pour eulx personne ne prenne armes / ʒ nul clerc ne doibt auoir armes ne les porter. 23. q. 8. Cum a Iu-
deis. Non pila. Clerici qui reprehensibile. ¶ Consideres les horribles guerres ʒ ma-
chinations que les Papes ont faictes / ʒ leur grosse arrogáce / côme celle de Boniface. 8.
lequel par troys foys requis de donner la corónne de Lépire a Albert / dit quil nen feroit
rien / ayant le glaiue au couste auec le baudrier darmes dit quil estoit Empereur de Rom
me / ʒ de tout le monde.

Christus mansuetus venit.

¶ Leuez voz yeulx a la vraye clarte z lumiere Jesus/lequel faict son entree en la cite rebelle qui a resiste tousiours a verite/de laquelle Jesus a voulu assembler les enfans/comme la geline assemble ses petis: z ne la point voulu. Matthei.23. Et pourtant Jesus voyant la cite a pleure sur icelle. Luce.19.

¶ De si grande doulceur z misericorde est le bon Sauueur/ne cessant z ne delaissant de bien faire voyre a ses ennemys quelque iniure z quelque oultrage quon luy aye faict/lapellant demoniacle/Samaritain/faisant les vertus en la puissance de Beelzebub. Joan.8. Matth. 12.

¶ En ceste entree du tresgrand Roy ny est la grosse cheualerie/en laquelle sont plusieurs tuez/ne les grandes bardures/mais lasnesse auec aucuns vestemens des Apostres. Les gensdarmes armez z braues triumphans auec tous instrumens de musicque/trompettes/tabourins/z gros bruit de lartillerie/dequoy tout tremble/ne sont point icy:mais les paoures gens/z petis/touchez du S. Esperit/chantent/louans Dieu/iectans leurs robbes a terre/z rompans rameaulx de palme/z de oliue/les iectans a terre/les gros principaulx gouuerneurs de la ville/z gens scauans pour haranguer en offrant les clefz/z toute la ville ne viennent au deuant/mais sont marrys de lhonneur quon faict a Jesus/commandant quon se taise.Matthe. 21.Mar. 11.Luce. 19. Joan. 12. ¶ Regardez si tout le contraire nest trouue aux Papes /pensez ce que disent les parolles de Dieu. Voicy ton Roy vient a toy debonnaire/ se seant sur lasnesse et lasnon. Matthe. 21.

¶ Ainsi Jesus est venu monte sur vne asnesse empruntee paoure/ doulx/ z begnin/ non pas pour estre serui mais pour seruir: Matthe. 20. Non pas pour perdre les ames/mais pour les sauuer. Luce. 9. Non pas pour iuger le monde/mais pour sauuer le monde. Joan. 12.

Uenit ille superbus.

¶Qui pourroit dire les pō
pes/triumphes/et gloire/et
festins que lon faict au Pa-
pe/quād il est coronne/quād
il faict son entree en ąlque
ville/que de cheuaulx/que
de mules/quel nombre de
Cardinaulx/Euesques/
Archeuesques/Abbez/pro-
tonotaires/officiers/cour-
tisans/vng chascun tache
de faire plus quil ne peult
pour estre veu/et pour faire
honneur a ce dieu de terre/
lequel pour estre du tout
contraire a Jesus qui a este
le dernier des hommes/et le
plus paoure est orgueilleu-
sement acoustre sur to⁹ prin-
ces/empereurs/roys/et seigneurs: et en pl⁹ grosse bou-

kance que personne qui soit sur terre/et combien quil ne soit par lire et fureur de Dieu/
fors que pour tout perdre et gaster/veu quil est le filz de perdition/par lequel tout bien iust-
ce et vertu est chasse de la terre/ne demandant que perdre/piller/et destruire/neantmoins
tout le monde le receoit en tresgrosse reuerence et honneur/loue de tous/comme tresbien
heureux tressainct/combien quil soit le plus mauldict et malheureux qui soit sur terre/to⁹
tachent luy dōner gloire et louenge de vertus/desquelles il ne vit iamais sombre/car autant que Jesus est loing destre demoniacle:et faisant vertus par Beelzebub/autant est
loing le Pape du bien quon dit estre en luy. Et sil y a quelque ville qui ne le receoiue/
mon Dieu quelles maledictions/quelz pourchatz pour la destruire/et quand la volunte
du Pape par sang/et par feu est faicte sur la ville/alors nest questiō de plourer: mais gros
feux de ioye/gros triumphes et festins/oyez quil dit. Les spirituelz et ecclesiasticqs sont
tous roys/comme signifie la teste pelee en tceulx/ilz ont ceste tōsure de lordonnance Rō-
maine.12.q.1.Duo. ¶Il nous est donne de cheuaucher cōme Lempereur/lequel est nostre laquect/tenant la bride de nostre cheual/et tous ceulx qui sont soubz nous/doibuent
aller comme les nobles de la court de Lempereur/car toute gloire/honneur/et magnifi-
cence Imperiale/tant en dignitez que en offices/cheuaulx/et habillemens nous est donnee auec toute Lempire de occident dist.96.Constantinus. ¶Le Pape est sur toutes
gens et Royaulmes.Extrauag. Super gentes. ¶Voulez vous bouche plus plaine de
blasphemes/que dire tenir le lieu de Jesus et de ses Apostres/et auoir la domination sur
toute la terre/et appeller Lempereur son laquect.Je croy que les princes sont si folz quilz
luy seruiront encore de macquereaulx/et en tout ce quil luy plaira commander.

Ille caret nummis.

CTous les seruiteurs de
Dieu des le commencemēt
ont este loing de toute am-
bition z auarice/cōme monstre bien Moyse quand las-
semblee de Core/Dathan/
Abiron/z On ausquelz les
Papes ont succede/se leuās
cōtre Jesus: comme tceulx
se leuerent contre Moyse/
qui dit.Je nay point prins
lasne daucun de eulx/z ne
fetz iamais mal a vng de
eulx.Num.16.CAist parle
le bon Samuel/disant:par-
lez deuāt Dieu/z son oinct/
stiay prins le beuf daucun/
ne lasne/ne faict a aucun
tort ne violence/ne pris dō
de main de aucu.i.Reg.12.
CQuō lise z regarde stau-
cun des prophetes a eu iamais aucune seigneurie.Le grand Sauueur a il faict son logis
z demeure es grosses cittez/cōme vng prince: le plus il estoit par les deserts z villages/z
venant en Hierusalem faillott quil retourna manger en Bethanie:disant/quil ne auoit
point le droict z seigneurie sur le Royaulme de Juda/z sur les villes : mais fuyant quād
son vouloit le faire Roy.Joan.6. CEt cōfessant quil auoit icy moins que les oyseaulx
qui ont des nidz/z que les regnardz qui ont des fosses:mais il nauoit point pour reposer
sa teste.Luce.9.CEt Lapostre dit/ie nay desire ne lor ne largent de personne/disant que
de ses mains il a ministre a luy z a ceulx qui estoyent auec luy.Act.20. CAinsi nostre
Seignr Jesus appelle les Apostres de la pesche/po² estre pescheurs des hōmes.Mat.4.
CEn quoy Lapostre trauaillant/visitant ceulx a qui il auoit presche:dit. Je ne demāde
point voz choses/ne voz biens:mais ie vous demāde.2.Cor.12.CGrādement est deffen
due auarice/qui est droicte idolatrie/sur tout aux ministres de la parolle/puis que riē nauons apporte en ce monde/z rien nemporterons/ nous doibt souffir dauoir nostre nourri
ture/z vestemens:car la racine de tous maulx est auarice.i.Timot.6. CEt ainsi Jesus
commande/ne possedez/ne or ne argent/ ne quelque pecune en voz ceintures/ ne besace/
pour la voye/ne deux robbes/ne soulters/ ne verge.Mat.10. CPierre dit.Je nay ne or
ne argent:mais ce que iay ie te le dōne/au nom de Jesus Christ de Nazareth/lieue toy
z chemine.Act.3.COu est donc maintenant le patrimoine de S.Pierre:veu encore que
les canons mesmes deffendent aux ecclesiastiques de ne auoir rien z de posseder quelque
chose.12.q.i.Clericus.Cui porrio.Duo sunt. CDe ce regardez Laurent valle/de sa
donation quon dit auoir este faicte par Cōstantin a Leglise Romaine.

Bien est accomply ce que nostre Seigneur a dit/Vous mauez tozne le dos ¶ ie me cacheray de vous/vous mauez delaisse/ ¶ ie feray que vo9 serez subiectz a ceulx qui vous destruiront: Le mauldit ¶ miserable monde aymant vanite/ ¶ haissant verite/ reiectant celuy qui est venu au nom de son Pere/ ¶ prins le Pape qui est venu a son nom/ ne demandant que son honneur ¶ gloire: ¶ tceluy a baille toute seigneurie/puissance/ ¶ autozite. Les princes ne sont ilz point pour garder le pays/deffendre les bons/¶ punir les mauuais: Dz quelle deffence peuuent faire ces effeminez tondus/rasez/mitrez/coznus. Nest il point tout clair que iamais gens ne garderent moins leurs pays que les papistes/personne ne fut iamais ainsi persecutant les bons/¶ deffendant les meschans que les papistes/car pour faire leur volunte il fault quilz ayent toute meschansete de gens/pour rauir filles/femmes/pour tuer/battre/ frapper/rompre poztes/ entrer aux maisons/faire leur plaisir/¶ fault que les miserables Princes ¶ Roys souffrent telle puantise de gens/auoir seigneuries/iustices/ estre comme ilz disent temporelz seigneurs ¶ spirituelz/ ¶ en grandement blasphemant Dieu/ disent quilz tiennent la place de Iesus ¶ de ses Apostres/qui iamais ne eurent ville ne villette/ne la moindre iurisdiction qui fut iamais sur la terre: mais ont laisse aux Seigrs ¶ Roys leur seigneurie ¶ royaulme: regardez que le Pape a ozdonne. ¶Les Euesques ne doibuent pas estre instituez es petites places ¶ villes/ ne sur petit peuple: affin que le nom de Euesque ne soit point vile: mais tant seulement es grandes citez/¶ sur grosse multitude de peuple.distin. 80.c. Vzbes.c. In illis. c. Episcopt.c. Illud sane. c. Non debere. Nous ozdonnons que toute ozdonnance des prestres ¶ receptions des ozdres qui est faicte sans tiltre/duquel on ne peult souffisamment viure quelle soit de nulle valeur. 70.distin.c. Sanctozum. Demandons au Pape quel tiltre a eu Iesus souuerain Prestre/¶ ses Apostres vzays Euesques/il fault regarder les conditions que sont. 1. Timo. 3. ¶ ad Titum. 1. Et ainsi le peuple les doibt eslire.Act.1.6. ¶ non pas le Pape ne aultres. Il serott plus duysant que ces coznus fussent ramonneurs de cheminees/ que destre ainsi meschamment viuans et tenans tant de bien.

D

Quas leges dedit is.

Circõcisiõ nest riẽ/ incircõcision nest riẽ: mais lobseruation des cõmandemẽs de Dieu:mais la foy ouurãte par charite:mais nouuelle creature. i.Cozi. 7.Gal. 5. ꝗ. 6. Mãgez ꝗ beuuez ce ꝗ on vo⁹ presente.Lu. 10. Nul ne vous iuge eŋ vtãde ou eŋ beuurage/ou eŋ ptie du to² de la feste/ou du nouueau moys/ou des sabbatz: qui sont lombze des choses qui estoyẽt aduenir/ꝗ le cozps de chzist.Col. 2. Mãgez de tout ce qui est mis deuãt vous.i.Cozin.10.

Toute creature de Dieu est bõne/ꝗ ne boibt oŋ riẽ reiecter quoŋ przẽt eŋ rendant graces.i.Timo. 4. Cela ꝗ entre par la bouche nest point ce ꝗ souille lhõme/mais ce ꝗ sozt de la bouche.Matt. 15. Le royaulme de Dieu ne vẽdza point eŋ obseruatiõ/ꝗ ne ditõt point voicy il est icy/ou il est la:car voicy le royaulme de Dieu est dedãs vo⁹. Luc. 17. La religiõ pure ꝗ immaculee enuers Dieu ꝗ le Pere/cest visiter les ozpheltns/ꝗ les vefues eŋ leurs afflictiõs/ꝗ soy garder sans macule du mõde. Iaco.i. Aymer Dieu de tout soŋ coeur:ꝗ soŋ ꝑchaiŋ cõme soymesme.Mat. 22. Laꝗlle chose est plus grãde ꝗ toute offrãde ꝗ sacrifice.Mar. 13. Car la plenitude de la loy est dilection.Ro. 13. Le Royaulme de Dieu nest point vlande ne beuuratge/mais iustice/paty/ꝗ ioye au S. Espzit.Ro.14. Silz ne gardẽt cõtinence ꝗlz se martẽt.i.Cozi. 7. Ilz me seruẽt eŋ vaiŋ gardãt les cõmãdemẽs des hões.Mat. 15. Ceulx sõt hozs de la foy ꝗ deffendẽt le mariage ꝗ de vser des vlãdes.i.Tim. 4. Il dit des vefues si aucune na le soig des siens/ꝗ pzincipalemẽt des domestiꝗs elle a renõce la foy/ꝗ est pire ꝗ vne infidele/voulant ꝗ les ieûnes soyẽt mariees/ꝗ ꝗ ceulx ꝗ ont dequoy nourrissent leurs vefues/affiŋ ꝗ leglise nẽ soit chargee/ꝗ ꝗ les vzayes vefues puissẽt estre entretenues.i.Ti. 5. Ie vo⁹ pzie mes freres par le noŋ de nře Seigñr Ies⁹ Chzist/ꝗ vo⁹ distez to⁹ vne mesme chose:ꝗ ꝗl ny ayt poit de sectes entre vo⁹:ꝗ quõ ne die poit/Ie suis de Paul/ꝗ moy de Apollo/ꝗ moy de Pierre/ꝗ moy de Chzist. Chzist est il diuise: Paul a il este crucifie po² vo⁹/ou auez vo⁹ este baptisez au noŋ de Paul.i.Cozi. 1. Il est tout clair ꝗ nře Seigñr veult ꝗ no⁹ ayõs to⁹ vne mesme rigle/foy/loy/ꝗ baptesme.Deuãt ꝗ Iesus vint entre les Iuitz il y auoit tout plaiŋ de sectes ꝗ diuerses fassõs de vture ꝗ de doctriŋe.Les philosophes eŋ auoyẽt encoze plus:mais le Pape a surmõte to⁹ ceulx ꝗ furẽt iamais: tellemẽt ꝗ loŋ ne scauroit nõmer les rigles ꝗ religiõs esꝗlles satã plainemẽt regne gardãt ꝗ la verite ne soit cõgneue/mais ꝗ tout erreur soit maintenu.

Presul dissoluit iniquus.

¶Le pape oltre la saicte parolle de dieu/laqlle ne pmet ql y aye aultre rigle ne ozdōnāce q̃ la stenne/ne voulant quon ny adiouste ne quon en oste rien: mais quon face ce ql cōmāde seulemēt. Deut. 4.12. Gala.1. Et contre ses decretz/il a ozdōne toute superstition. Il est deffēdu que enfans nayēt a laisser pere ⁊ mere soubz lombze de religiō/q̃ aucune femme poz religtō naye a coupper ses cheueulz cōe font les nōnains/quō ne mespzise le mariage/ne celuy q̃ māge de la chair/q̃ personne ne laisse ses enfans pour religion/q̃ nul ne pzēne habit pour sainctetc. distin.30. Si q̃s virozuy.

¶Nul chartreux/nul celestin/nul iacopin/nulle seur colette/nul des enfumez minimes/ne aultres moynes iamais mangeussent chair. de consacra.distinc.5. Carnem. Nulle psonne ne ose manger chair/oeufz/fromage/ne chose de laict/depuis la q̃nquagesine tusq̃s a Pasques.distī.4. Dentqz. Noꝰ voulōs aussi quō teune le mercredy/le vendzedy/⁊ le samedy/auec les roueysons de ꝑse.distin.3. Sabbato. Ieiunia. Rogationes.et les veilles des apostres auec les aduētz.de obserua.teiu. Conciliū. Noꝰ dōnōs plantere remissiō de tous pechez a tous ceulx q̃ lānee du Iubile viendzōt a Rōme poz gaigner ledict iubile. Sixtus. 4. Quēadmodū. La religion du pape est que chartreux/ou celestin/ne seur colette iamais ne sozte/ne moyne ne nōnain sans le cōgte de son superieur/quilz ne apdēt a personne: mais qlz chargēt tous/nō seulemēt mespzisant leur pzochain: mais desobeissant a pere ⁊ mere/cōtreuenāt a tout debuoir poz garder leurs rigles. Ceulx qui ont pzins les ozdzes ne se mariēt point/⁊ silz se mariēt qlz soyent separez.27.di. Presbyteris. Le filz ou la fille q̃ ses parēs en son enfance ont mis au monastere ne peuuēt sortir ne se marier.20.q.1. Addidistis. Et si aucun ou aucune apzes le vcu de chastete se mariēt qlz soyent separez.27.q.1. Vt lex. Non obstāt q̃ au chapttre suyuāt, Nuptiarū. Lequel est/beau/sainct Augustin dit q̃ celuy peche/q̃ les separe/⁊ quō ne les doibt point separer. Ainsi aucūs entre les idolatres estoyent contrainctz par auarice de nestre point mariez. Sueto.de viris illust.ca.1. Les vierges de la deesse Vesta/ne se pouuoient marier/⁊ de la punition de celle q̃ auoit viole sa virginite. Lisez Titu Liuiu.1.ab vzb.cōd.⁊ Aul.Gel. ⁊ vous cōgnoistrez q̃ nostre moynerie est pzinse la plus grand part des idolatres q̃ auoyēt grosse diuersite de dieux/⁊ selon les dieux les pzestres comme on voit en la religion du pape par lequel sectes sont appzouuees/⁊ tout ce quest des choses externes/cōme robbes/tonsures/ceremonies. Extra. Quia quozundam. de verbo.signt. ⁊ .21. q . 4. Episcopi. Ceulx qui ont apostate de la foy pzenant aultre rigle que celle de Iesus sont appellez illuminateurs de la foy. Extra.de treuga ⁊ pace. Vices.

Vendentes pepulit templo.

¶Il trouua au tẽple gens qui vendoyent beufz ⁊ brebis/⁊ colombes/⁊ les chãgeurs qui estoyent assis. Et apres quil eut faict cõme vng fouet de petites cordes/il les iecta tous hors du tẽple/⁊ les brebis ⁊ les beufz/⁊ respandit largent des changeurs/⁊ renuersa les tables. Et dist a ceulx qui vendoyent les colombes:ostez ces choses dicy/⁊ ne faictes point la maison de mon pere la maison de marche. Joan.2. ¶Et quand il fut entre au temple il cõmencea a iecter hors les vendans ⁊ achetãs/⁊ leʳ dist:Il est escript: Ma maison est maison do-

raison/⁊ vous lauez faicte vne cauerne de meurtriers. Luce.19. ¶Sil est ainsi q̃ nostre Seigneur chasse ceulx qui vendent ⁊ achetent en la maison materielle/en laquelle ne fault point penser que Dieu aye sa demeure/car le treshault ne demeure point es temples faictz de la main. Act.7.⁊.17. ¶Combien plus veult il que ceulx qui font marchandise en son Eglise/qui est la congregation des Chrestiens soyent chassez/⁊ pourtãt en ladministration de ses dons ⁊ graces/il deffend toute telle trafficquerie/disant:Vous lauez receu pour neant/donnez le pour neant. Matth.10. ¶Ton argent soit auec toy en perdition/pource que tu as estime que le don de Dieu soit donne pour argent. Act.8. ¶Quiconque donc donne quelque chose pour auoir don ou grace/tout luy vient en perdition. Il est predict de telz marchans en S. Pierre/disant:Aussi ya eu des faulx prophetes entre le peuple:comme il y aura entre vous des maistres mensongiers qui introduiront sectes de perdition/⁊ nyeront le Dieu qui les a rachetez/amenans sur eulx mesme soubdaine perdition. Et plusieurs suyuront leurs fornications/par lesquelz la voye de verite sera blasphemee/⁊ en auarice marchanderont de vous par parolles seinctes:ausquelz la condemnation des long temps ne cesse point:⁊ leur perdition ne sommeille point. 2.Pet.2. ¶Le paoure monde sil nestoit bien aueugle pourroit bien congnoistre ces marchans qui par tout ont faict des cauernes/lesquelles ilz appellent eglises:affin que la soubz lombre de religion/comme guetteurs de chemins ⁊ auenturiers ilz despouillent les paoures gens/les attendans pour les seduire/non pas seulemẽt auy biens:mais en lame quant au lieu de les mener a Jesuchrist/leur vendent leur fardee ⁊ corrompue marchandise en toute superstition ⁊ idolatrie.

Quos accipit ille.

CLe filz de perdition ceſt
Lãtechriſt / qui ſe ſied au tẽ
ple de Dieu (es coeurs des
hõmes) ſe eraltãt ſur Dieu:
ᵶ ſe mõſtrãt cõme Dieu / cõe
S. Paul a pdict. 2. Teſ. 2.
Car il a change toute or
dõnance diuine / cõe Daniel
la dit / ſupprimant la ſaincte
Eſcripture / Vendant indulgẽ
ces ᵶ remiſſions / mainte
nãt dune partie / maintenãt
de tous pechez:ᵶ auſſi diſpẽ
ſations par leſqlles il ſe glo
rifie / qͣl peult diſpenſer cõtre
Dieu / ſon Euangile / ᵶ les
Apoſtres / comme notẽt ſes
gloſſateurs. 34. diſt. Lector.
ᵶ.15.q.6. Juratos. Et extra.
De Voto ᵶ Voti redẽp. p to
tũ. Car il faict que le ſerui
teur ne ſoit poit tenu deſtre
ſoubz ſon ſeignr ainſi quil a
liure / queſt cõtre S. Pierre.

1.Pet. 2. Et ſi change les Veufz ainſi qͣl Veult / ᵶ Veult q̃ ce quil ordõne ſoit receu cõme de
la bouche de Dieu.19.di. St omnes. Il Vend ᵶ trafficque tout / il dãne les ſauuez / ᵶ faict
ſainctz les dãnez / il mauldict iuſques a la tierce ᵶ quarte generation / faiſant les choſes
droictes ou tortues cõe il Veult / cõmãdant q̃ perſonne nen parle ne en doubte.17.q. 4. Ne
mini. De pentẽ. diſt.3. S. ex pſona. Et par ſes liures il cõdemne tous ceulx q̃ dõnent ᵶ
prẽnent qͣſque choſe po² graces / ordres / ᵶ telz cas anathema danti. ᵶ recipiẽti.1.q.1.ᵶ q̃ on
ne doibt riẽ recepuoir pour les ordres / po² la chreſme / po² le bapteſme / baulme / ſepulture /
ou cõmunion.1.q.1.Dictũ eſt.ex pcili. Tuburiẽſi. Ne encores quãd on les cõtraindroit de
prẽdre:13.q.2.poſtq̃ pretio. Dõt il eſt patẽt que les ſimoniacles / cõme premiers ᵶ princi
paulx hereticques doibuẽt eſtre reiectez ᵶ chaſſez de tous fideles. q̃.Vlti CLa peruerſe
hereſie de Macedoni⁹ ᵶ de ceulx q̃ a lentour de luy ſont repugnãtz au S. Eſprit / eſt pl⁹
facile a endurer q̃ ſymonie. Car ces hereticques par leurs reſueries cõfeſſent le S. Eſprit
eſtre creature / ᵶ ſeruiteur du Pere ᵶ du Filz:mais ces ſymoniacles font iceluy meſme S.
Eſprit ſeruiteur.1.q.1.c. Eos. Gregor⁹ in regiſtro. CPuis q̃ ainſi eſt que auarice eſt ſerui
tude des idoles / qͣconq̃ ne ſe garde dicelle en dõnãt les dignitez eccleſiaſticqs il ſera ſub
iect Vulgairemẽt a la perditiõ de infidelite / cõbien q̃ ſemble tenir la foy laqͤlle il meſpriſe.
Beda in.2.epiſto. Petri. ᵶ.2.q̃. 7. Secuti ſunt Viam Balaam. CPluſieurs catholicqs
aymẽt tant le loyer diniquite / q̃ les ſcauãs meſme ſont repris des ignares / ᵶ les clercz
des laiz. Car ilz corrõpent la parolle de Verite pour lamour de la pecune / ᵶ des deſirs tẽ
porelz. Ilz plongẽt ᵶ perdẽt leurs auditeurs auſqlz ilz ne preſchent pas choſes ſalutaires
q̃ les corrigent:mais choſes pleines derreurs qui leur cõplaiſent.

D   iij

Spernit opes Christus.

Il fault soustenir les foibles z auoir souuenãce des parolles du seigneur Jesus. Car il a dit:q cest chose pl⁹ benoiste de dõner q de pzendze. Act. 20. Pourquoy dautant quon est plus pzes de Jesus/dautãt est on plus loing de toute auarice:comme dit S.Paul. Je nay poit conuoitte largent ne loz/ou la robbe daucun:mais vous scauez que ces mains icy ont ministre a mes necessitez/z a ceulx qui sont auec moy.Act.20.

Cest vng grand gaing q piete auec le coeur content dece quil a. Car nous nauons rien apporte en ce mõde:il nest a doubter q riens aussi nen pouons empozter.

1. Timo.6. Malheur sur vous o scribes z pharisiens hypocrites qui mãgez les maisons des vefues soubz vmbze de longues ozaisons/pource vous receurez plus grãde cõdemnatiõ.Matth.23. Faictes voz thzesozs au ciel/la ou ne la rouilleure/ne la tigne ne cozrompent riẽs / z la ou les larrons ne essouyssent/z ne desrobent point. Matt.6.
Ceulx q veulent estre riches tombẽt en tẽtation/z au lacz du diable: z en plusieurs desirs inutiles z nuysans/lesquelz plongẽt les hõmes en mozt z en perdition / car la racine de tous maulx est auarice.1. Timo.6. Regardez mes freres en ce chapitre comment sont touchez tous papisticques/qui ne pensent estre aultre piete que gaing / enseignans aultrement que S.Paul audict chapitre nenseigne:z pourtant sont appellez idolatres: car auarice est seruitude des idoles. Colos.3. Bienheureux z sainct est celuy qui a part en la pzemiere resurrection. Apoca.20. Quon regarde si Jesus a monstre ne enseigne a ses apostres aucune maniere de tirer argent des paoures gens/ne si luy en a iamais tire fozs que de pzescher purement la parolle de Dieu sans y rien mesler. Et au cõtraire est il possible de penser aucune maniere z fasson de tirer argent du paoure peuple: fust il iamais bateleur qui peust penser tant de moyens pour auoir argent / comme le pape a controuue?Il nest soulier/cozde/chausse/robbe/bzaye/pierre/saincture/bõnet/bastõt/foin/paille/os/chair/terre/boys/qui pourroit nombzer tout ce qui met au deuant pour argent/z de tout tant quont veult:des cloux de Jesus tout en est plein : des circoncisions a Rõme il y en a/z au Puis/z en aultres lieulx:cõme si plusieurs fois Jesus auoit este circoncis/z aussi a fozce suatres/z le mõde est si beste q̃l croit tout/z par tout dõne argent.

Lucri hic ardore tabescit.

Text within woodcut:
vmb gelt ein sack vol ablasz

Pour de largent vng sac plein de pardôs.

¶ Tout ce q̃ le Pape a peu p̃dre des Juifz de leꝰs faſſôs de faire ꞇ des idolatres/il a tout intro duict a Leglise pour pil ler le môde/diſant a ces pilleurs q̃l enuoye. Dô nez a voz ſubiectz encẽſ/ ſel/eau benistes/cẽdzes/ cimitieres/ſons de clo ches/chãtz/benedictiôs/ grãs agios/inclinatiôs merites/ꞇ ſatisfactiôs affin q̃ voꝰ ayez deulx/ vin/ble/huyle/cẽſes/ren tes/oz ꞇ argent/vendez os des ſainctz/reliques/ ꞇ côfrairies/queſtes par tout/p̃nãt tout ce que pourrez auoir/nô pas p̃ exactiô toute deſcouuer te/neãtmoins contrai gnez les laidz a voꝰ don

ner ce q̃l ont de couſtume/ainſi q̃ noꝰ auôs cômãde auy Euesq̃s. Ad apoſto. de ſymo nia. Voulôs par ainſi/q̃ les choſes q̃l neſt pas licite quô demãde/q̃lles ſoyẽt payees/ꞇ quô les receoue:car il eſt hôneſte quô receoue/ce q̃l neſt pas hôneſte de demander.18. diſt. De eulogijs q.c. Cuey offi. de p̃ſcrip.12.q.2. Charitatẽ.13.q.2.queſta.q.1.q.2. Placuit.q.c. Quã pie.tellemẽt q̃ noſtre ſac ſoit plain:car la court romaine/ne veult la brebis ſans laine. Soyent excômuniez côme infideles/ꞇ q̃ tuẽt les indigẽs/ceulx qui ne payẽt les offrãdes.13.q.2.Qui oblat. ¶ Le Pape ꞇ les ſiẽs ſi treshôublemẽt preſſẽt le môde/nayãs cure q̃ de leur vẽtre ꞇ de la bourſe/q̃ meſmes leurs flateurs q̃ ne tachẽt q̃ les mettre ſur toꝰ ſôt côtrainctz les blaſmer. Quon regarde la gloſe extrauag. de ſe pulturis/ſup cathedrã.in verbo/deputatos. Jlz ont trouue des inuẽtiôs ſans nombze poꝰ touſiours augmẽter le gain auec la ſuperſtitiô/portãs chaſſes ꞇ aultres reliq̃s a li mitatiô des Juifz q̃ portoyẽt larche quãd ilz deuoyẽt batailler/ꞇ des idolatres q̃ auec telle pôpe portoyẽt leurs dieux/côe il eſt facile a veoir en Apuleius lib. vj. ¶ Jlz auoyẽt ainſi la couſtume dallumer cierges:côe Dionyſ. Halicar. ꞇ Macrob. Satur. lib.j.c.Hi. teſmoignẽt. ¶ Des eaues luſtrales q̃ noꝰ appellôs eaues benistes/ꞇ tãt daultres ce remonies tout en eſt plein p̃ les liures des ifideles. Nald.in faſtis.Apule.Macrob ꝛc. Dôt le Pape a empꝛute ces ſuperſtitiôs ꞇ idolatries/p̃ leſq̃les il pille le paoure môde/ ꞇ retire les coeurs du vzay paſteur Jeſꝰ Chziſt. ¶ Nul Eueſq̃ ou preſtre/ou diacre/q̃ diſpẽſe le ſacremẽt de la cômuniô ne demãde aucune choſe. Car la grace neſt pas ven due/ꞇ noꝰ ne dônons pas par pzis la grace du S. Eſpzit:aultremẽt q̃l ſoit oſte côe imi tateur de la deceptiô ꞇ fraulde ſymoniacque. Ex ſexta ſynodo.j.q.1.ꝛc.

Paseit oues Christus.

¶Quand il trouue la brebis perdue/il la met sur ses espaules sestouys= sant.Luce. 15.

¶Il vit grande multi= tude/et fust meu de pitie sur eulx/car ilz estoyêt comme brebis qui nont point de pasteur.Et com mêcea leˢ enseigner plu= sieurs choses.Et quand il eut pris les cinq pais/ et les deux poissons/il esleua ses yeulx au ctel/ ꝗ rendit graces ꝗ rompit les pains/ꝗ les bailla a ses disciples:affin quilz les missêt deuât iceulx/ ꝗ departit les deux poissons a tous.Et ilz mangerent tous/ꝗ furêt rassasiez. Mar. 6.

¶Je suis le bon pasteur allant deuant mes brebis/lesquelles ie paistz/mettant mon ame pour elles/ꝗ si le loup vient ie ne men fuys pas/car ie ne suis pas merce= naire. Jo. 10.   ¶Nul na plus grande dilection que ceste:quand aucun met son ame pour ses amys. Joan. 15.   ¶Il donra pasture a son troupeau comme vng pasteur par son bras/il assemblera les aigneaulx ꝗ les portera en son sein.Esay. 40.

¶Le bon sauueur a ce inuite tous chargez ꝗ trauaillez pour venir a luy ꝗ estre sou= lagez. Matth. 11.   ¶Et tous qui ont soif quilz viennent a luy/ꝗ quilz boyuent Joan. 7.   ¶Cecy ont suyui les vrays disciples de Jesus Christ non pas Judas qui estoit larron/duquel sont successeurs le Pape ꝗ les siens:mais S. Pierre ꝗ les aultres/auquel Jesus dit.Pierre me ayme tu.Auquel quand il eu respôdu:Seigneur tu scais que ie tayme/Jesus Christ dit:Paistz mes brebis:lesquelles il a nourry de la parolle de Dieu/a quoy faire aussi exhorte les aultres:disant/Nourrissez le trou= peau de Dieu qui est entre vous:pouruoyans non point par contraincte:mais vo= luntairement/non point deshonnestement appettant gaing:mais voluntairement/ non point comme ayant seigneurie sur le clerge/mais en sorte que vous soyez lexem= plaire du troupeau.Et quâd le prince des pasteurs apparoistra voˢ receurez la coron= ne incorruptible de gloire. 1. Pet. 5.

Inopis hic sanguine gaudet.

Le pape deffed auͬ questeurs quilz no sent aller ca ne la en tirãt subtilemẽt loͬ des gens donnans pardons ɾ remissõs daucune partie des pechez / et aucunes foys de tous / ɾ de peï ne ɾ de coulpe / ce que Dieu seul peult faire (comme il dit) soy leuant ɾ mettãt sur Dieu: pourtant leur deffẽd / ɋ sans ses let tres ɾ bulles ilz no sẽt ainsi faire ne aussi estre admis: De peï nïten. ɾ remis. in cle mentï. c. abusiontbus. Mais quand ilz ont acheptees les bulles du Pape / aloͬs est mauldict tout homme qui les empesche ou qui parle contre. Nous oͬdon nons que le Vilain (cest adire les gens qui gaignent leur vie) soit tant aggraue de pensions / que la peine des exactions le cõtraigne se retourner a Dieu. 23. q. 7. Iam vero. Et pourtant no⁹ voulons quon baille la. x. partie de toutes choses / soit ble / grains / foin / fruictz / laines / pescheries / molins ou a vent / ou a eaue / gaignages / ɾ quelque chose que soit legitimement acquestee / ɾ de toute marchandise / voï re de vente de maisons / champs / vignes / fours / moulins / troupeaulx de bestial / ou quelque aultre marchandise / ɾ aussi des mouches a miel / ɾ de la chasse / ɾ de la gensdarmerie / cest adire des gaiges que lont pͬent / ɾ de ce que lon cõqueste ɾ de tou te negotiation / ɾ toute aultre chose / que de tout de dix on en donne vng. c. Non est. Ey trãsmissa. A nobis. Pastoralis: ɾ in alij s capi. de decï. ɾ primï. ɾ obla. ¶Icy voyez Chͬestiens ces loups rauissans qui viennent a nous soubz lhabit de bͬeï bis / comme ilz mettent sur noz espaules fardeaulx impoͬtables / lesquelz ilz ne touchent point dung doigt. Matth. 23. ɾ. 7. Dieu les mauldict comme faulx pasteurs deuoͬans les bͬebis / ne nourrissans ɋ eulx mesmes. Hiere. 23. Ezec. 34.

¶Affin quon congnoisse ces coͬbeaulx / le Pape ɾ les siens / ses decretz le mani festent qui disent: Tout hõme qui dit / paix a vous / ne doibt estre ouy comme co lumbe. Les coͬbeaulx sont nourris de moͬt / la columbe na point cecy / mais vit des fruictz de la terre / ɾ sa vie est innocente. 2. questio. 7. Non omnis.

C

T quand fust lheure il se assist a table/ τ les douze Apostres auec luy.Et

Luc.ii. leur dit. Jay desire de desir de manger ceste pasque / cest adire ce passage
laigneau qui estoit memoire du passage auec vous deuant que ie souffre/
car ie vous dis:que de ceste heure ie ne le mangeray/iusques a ce quil soit accōply
au royaulme de Dieu.Et il print le calice τ rendit graces:τ dit. Prenez τ le distri-
buez entre vous:car ie vous dis/que ie ne beuuray de la generatiō de la vigne/ius-

1.Cor.11. ques a ce que le Royaulme de Dieu viengne.Le Seignūr Jesus en sa nuict en la-
mat.26. quelle il fut liure/quand ilz māgeoyent / print le pain/τ en rendant graces le tō-
mar.14. pit/τ le dōna aux disciples:τ dit. Prenez τ māgez. Ce est mon corps ꝗ pour vous
mar.14. est liure/faictes ce en memoire de moy.Sēblablemēt le calice apres ꝗl eut souppe/
mat.26. leꝗl quand il eut prins il rendit graces τ leur dōna/disant:Beuuez de cestuy tous:
mar.19. τ beurēt diceluy tous/ τ leur dit. Cestuy est mon sang du nouueau testament/ qui
Luce.22. pour plusieurs sera respandu en remission des pechez.Ce calice est le nouueau te-
1.Cor.11. stament en mon sang qui sera respandu pour vous.Faictes cecy touteffoys que le
Luce.22. beuurez en memoire de moy. Car toutes les foys que vous mangerez ce pain/ et
1.Cor.11. beuurez ce calice/vous annoncerez la mort du Seigneur iusques a ce ꝗl viengne.
mat.26. Jesus debuoit mourir pour la gent:τ non seulement pour la gent : mais affin aussi
mar.14. quil assemblast les filz de Dieu en vng / qui estoyent espars. Je ne prie point seu-
mat.26. lement pour eulx: mais aussi pour ceulx ꝗ croyront en moy par leur parolle:affin
1.Cor.11. que tous soyent vng/ainsi que toy Pere es en moy/τ moy en toy/que aussi en nous
Joā.11. ilz soyent vng.Je vous prie par le nom du Seigneur Jesus Christ/ que vous di-
Joā.17. siez tous vne mesme chose/τ ꝗl ny aye point de sectes entre vous: mais soyez par-
1.Cor.1. faictz en vng mesme sens/τ en vne mesme sentence. Certes nous tous sommes
1.Cor.10. vng pain/τ vng corps / tous qui participons dung pain τ dung calice. Il ny a ne
Gala.3. Juif ne payen/il ny a serf ne franc/il ny a ne masle ne femelle: Vous tous certes
1.Cor.12. estes vng en Jesus Christ.Vous estes le corps de Christ / τ membres de mēbre/
Vous ne vo⁹ assemblez point ensemble en mieulx:mais en pts/il y a des diuisiōs
entre vous/car vng chascun preutent a manger sa cene/ τ lung a faim/τ laultre est
yure.Nauez vous point maisons pour manger τ pour boyre:contēnez vous Leglise de Dieu: quand vous venez ensemble pour manger attendez lung laultre.

2.Cor.13. Lhomme esproue soymesmes τ ainsi mangeusse de ce pain τ boyue de ce calice.
Expertmentez vous vous mesmes si vous estes en la foy / esprouuez vous vous
mesmes/ne cōgnoissez vous point vous mesmes que Jesus Christ est en vous:si

Mat.6. dauenture nestes reprouuez. Si vous pardonnez aux hōmes leurs pechez vostre
pere vous pardonnera/τ si vous ne pardonnez aux hommes leurs pechez / vostre
pere ne vous pardonnera voz pechez. Remettez τ il vous sera remis/ pourquoy

Luce.6. Jesus nous a cōmande de prier.Et nous remet noz offenses ainsi que nous remet-
Mat.6. tons a ceulx ꝗ nous ont offense.Il est vng Dieu/τ vng mediateur de Dieu τ des

1.timo.2. hommes/ lhomme Jesus Christ / qui sest donne soymesmes en redemption pour
2.Joā.2. tous.Si aucun a peche nous auons vng aduocat enuers le Pere Jesus Christ le
iuste/ et celuy est la propitiation po² noz pechez/τ non seulement pour noz pechez:

Act.4. mais aussi pour ceulx de tout le monde.Il ny a point de salut en aucun aultre / car
il ny a aultre nom donne aux hommes / auquel il nous faille estre sauuez. Je

Joā.14. suis la voye/la verite/τ la vie:nul ne vient a mon Pere que par moy. Jehan veoit
Joan.1. Jes⁹ venir a luy/τ dit:Voicy laigneau de Dieu / voicy celuy qui oste les pechez du
Rom.3. mōde. To⁹ ont peche/τ ont besoing de la gloire de Dieu/iustifiez sans deserte par

la grace diceluy par la redemptiõ laquelle est en Jesus Christ/lequel Dieu a mis
deuant soy reconciliateur par le sang diceluy. Justifiez par foy auõs paix a Dieu **Rom.5.**
par nostre Seigneur Jesus Christ/par lequel nous auons acces par foy en ceste
grace. Christ est mort pour nous/pourquoy maintenãt iustifiez en son sang serõs
desturez de lyre par luy. Nous auons este reconciliez a Dieu par la mort de son
filz/pourquoy reconciliez/seront sauuez en la vie diceluy. Nous nous glorifions
en Dieu par nostre Seigneur Jesus Christ/par lequel nous sommes reconciliez
maintenãt. Vous estes faictz pres par le sang de Christ/car il est nostre paix/qui **Ephe.2.**
a faict tous les deux vng/par iceluy nous auõs acces tous deux en vng esprit au **Colos.1.**
Pere:son bon plaisir a este quen luy toute plenitude habitast: & que par luy toutes
choses fussent recõciliees enuers luy/appaisant par le sang de sa passion les choses
qui sont. Il estoit decent que celuy pour lequel sont toutes choses/& par lequel sont **Hebre.2.**
toutes choses/auoit amene beaucoup denfans a gloire/quil fut faict aucteur parfaict de leur salut par passion:affin que par mort il destruysist celuy qui auoit lempire de mort:cest adire/le diable. Il a fallu quil aye este semblable par toutes choses a ses freres a ce quil fut misericordieux & souuerain Sacrificateur fidele enuers Dieu/affin quil purifiast les pechez du peuple. Car en ce quil a souffert & a
este tente il est puissant aussi de ayder a ceulx qui sont tentez. Nous auõs le grãd **Hebre.4.**
souuerain Sacrificateur Jesus filz de Dieu/qui a penetre les cieulx/tenons la
confession de nostre esperance/car nous nauons point vng souuerain Sacrifica-
teur/qui ne puisse auoir compassion de noz infirmitez:mais tente en toutes choses par similitude sans peche. Allons dõc au throsne de sa grace en fiance/affin
que nous obtenons misericorde/& trouuons grace en ayde cõuenable. Christ ne **Hebre.5.**
sest point clarifie soymesmes/affin quil fut faict souuerain Sacrificateur/mais
celuy qui a parle a luy. Tu es mon filz / auiourdhuy te tay engendre/cõme aussi
en aultre lieu il dit. Tu es Sacrificateur eternellement selon lordre de Melchi-
sedec/lequel aux iours de sa chair offrit preieres & supplications a celuy qui le pou-
uoit sauuer de mort auec grand cry & larmes/& fut exaulce pour sa reuerence. Et
certes comme ainsi fut/quil estoit filz de Dieu/il apprint obedience par les choses quil souffrit/& luy q estoit tout parfaict a este faict cause de salut eternel a toꝰ
ceulx qui luy obeissent/appelle de Dieu souuerain Sacrificateur selon lordre de
Melchisedec. Plusieurs aultres ont este faictz Sacrificateurs pource que par la **Hebre.7.**
mort estoyent empeschez de demourer:mais cestuy pource quil demeure eternelle-
ment/il a sans fin loffice de Sacrificateur/pourquoy il peult sauuer perpetuelle-
ment ceulx qui sapprochent de Dieu par luy/viuant tousiours pour interceder
pour nous/car il estoit conuenable que nous eussions vng tel souuerain Sacrifi-
cateur/sainct/innocent/sans macule/separe des pecheurs/& plus hault que les
cieulx/lequel na point necessite comme les souuerains Sacrificateurs offrir tous
les iours sacrifices/premierement pour les propres pechez/puis apres pour ceulx
du peuple/car il a faict en soy offrant vne foys. Certes la loy ordonne les hommes souuerains Sacrificateurs qui ont infirmite:mais la parolle du iurement/ **Hebre.6.**
qui est apres la loy/ordonne le filz parfaict eternellement. Nous auons vng tel
souuerain Sacrificateur/qui est assis a la dextre du siege de la maieste es cieulx/
ministre des sainctuaires/& du vray tabernacle/lequel Dieu a dresse/& non point
lhomme. Sil estoit sur la terre il ne seroit point Sacrificateur. Christ souuerain **Hebre.9.**
Sacrificateur des biens aduenir/est venu en presence par vng plus grand & plus

parfaict tabernacle: non point de la main/cest adire/non point de ceste creation:et
non point par sang de boucz/ou de veaulx/mais par son propre sang est entre une
foys es sainctuaires/z a trouue redemption eternelle. Car si le sang des boucz/z
toreaulx/z la cendre de la genisse esparse sainctifie les souillez pour la purificatõ
de la chair/combien plus fort le sang de Christ:qui par le S. Esperit sest offert a
Dieu soymesmes sans macule/nettoyera nostre conscience des oeuures mortes/
pour seruir a Dieu viuant. Et pource il est mediateur du nouueau testament:affin
que moyennant la mort/ceulx qui sont appellez/receoyuent la promesse de Leter-
nel heritage en la redemption des transgressions lesquelles estoyent soubz le premier testament/il est necessaire que la mort du testateur y entreuiengne. Car le testament est conferme en ceulx qui sont mortz/aultremēt ne vault riens encores/
durant que celuy qui a faict le testament vit. Parquoy certes le premier na point
este desdie sans sang : car apres que le commandement de la loy fut leu par Moyse a tout le peuple/il print le sang des veaulx z boucz/auec de leau z de la laine
teincte en rouge/z de hysope/z arrousa le liure z tout le peuple du sang/semblable-
ment le tabernacle z tous les vaisseaux qui y seruoyent/z presque toutes choses
selon la loy sont nettoyees par sang : et sans effusion de sang il ne se faict point
de remission. Il est doncques necessaire que les figures des choses celestes fussent
nettoyees par ces choses: mais les choses celestes par meilleurs sacrifices que
nestoyent iceulx. Car Jesus nest point entre aux sainctuaires faictz de mains/
figures des vrays:mais au ciel mesmes/affin que maintenant il apparoisse pour
nous deuant la face de Dieu/z non point quil se offre souuentessoys soymesmes/
en la maniere que le souuerain Sacrificateur es sainctuaires tous les ans en autre sang que le sien/aultrement il luy eut fallu souuentessoys souffrir depuis le
commencemēt du monde. Mais maintenant en la consummation des siecles/
il est apparu une foys par son sacrifice/pour la destruction de peche. Et ainsi quil
est ordonne aux hommes de mourir une foys/z apres ce le iugement:ainsi aussi
Christ a este offert une foys pour abolir les pechez de plusieurs. Christ resuscite
des mortz ne meurt iamais plus. Tout Sacrificateur assiste tous les iours/ad-
ministrant z offrant mesmes sacrifices/ lesquelz ne peuuent oster les pechez / car
il est impossible que les pechez soyent ostez par le sang des toreaulx z des boucz.
Les mesmes sacrifices quilz offrent tous les ans ne peuuent parfaire ceulx qui
approchent aultrement ilz eussent cesse destre offers/ pource que les sacrifians
nettoyez une foys nauroyent plus aucun remors de peche: mais par iceulx est
faicte commemoration des pechez chascun an. Voicy ie viens/ affin sire Dieu
que ie face ta volunte/il oste le premier: affin quil establisse le second/par laquelle
volunte nous sommes sanctifiez par loblation une foys faicte du corps de Jesus
Christ. Cestuy offrant ung sacrifice pour les pechez /est assis eternellement
a la dextre de Dieu/ du surplus attendant iusques a ce que ses ennemys soyent
mis la scabelle de ses piedz. Car par une oblation il a parfaict eternellement
les sanctifiez. Je nauray plus souuenance doresnauant de leurs pechez z de leurs
iniquitez : z la ou il y a remission dicelles / il ny a plus doblation pour le peche.
Il ne nous est plus laisse sacrifice pour les pechez. Sachans que vous estes rachetez de vostre vaine conuersation de la tradition de voz peres/non point par choses corruptibles/par or ou par argent: mais par le sang precieux de Christ/ qui
est comme laigneau incõtamine z sans macule. Le sang de son filz Jesus Christ

Rom.z.
Rom.6.
Hebre.10.
1.Pet.1.
1.Joã.1.

nous nettoye de tout peche. Jesus Christ qui est fidele tesmoing/premier ne des Apoc.i.
mortz/τ prince des roys de la terre/lequel nous a ayme/τ nous a laue de noz pe=
chez en son sang/τ nous a faict roys τ sacrificateurs a Dieu τ a son Pere. Christ Ephe.i.
est chief de Leglise:τ iceluy est le sauueur de son corps. Christ a ayme son Eglise:τ
sest donne soymesmes pour elle:affin quil la sanctifiast/la nettoyant par le laue=
ment de leaue/par la parolle de vie/affin quil rendit a soy Leglise glorieuse nayãt
quelque tache ou ride/ou aucune telle chose: mais affin quelle soit saincte τ sans
tache. Auoir faicte la purgatiõ des pechez par soymesmes/est assis a la dextre de Hebre.i.
la maieste aux lieux haultz/Jesus dit. Je suis le pain de vie/qui vient a moy il nau Joan.6.
ra point faim/τ qui croit en moy/il naura iamais soif. Tout hõme qui voit le filz
τ croit en luy/a la vie eternelle:τ ie le resusciteray au dernier iour. Qui mãge ma
chair τ boit mon sang/il a la vie eternelle/τ ie le resusciteray au dernier iour. Qui
croit en moy il a la vie eternelle/Lesprit est qui viuifie/la chair ne proffite riens/
les parolles lesquelles vous ay dictes/sont esprit τ vie. Si aucun vous dit / icy est mat.24.
Christ/ou il est la/ne le croyez point/car faulx Christz se leuerõt τ faulx prophe= Mar.13.
tes/τ seront grandz signes τ prodiges/tellement q̃ les esleuz mesmes (sil se peult
faire) soyent induitz a erreur. Si donc ilz vous disent/voicy il est au desert/ny sor= mat.24.
tez point/voicy il est es interieures parties de la maison/ne le croyez poit:car ain=
si que lesclair sort de orient τ apparoist iusques en occident/ainsi sera laduenemẽt
du filz de lhomme. Jesus qui est receu dauec vous au ciel/viẽdra aussi cõme vous Actuũ.i.
sauez veu aller au ciel. Entretant que les temps de repos de la presence du Sei= Actuũ.3.
gneur Dieu viendront/τ quil enuoyera Jesus Christ/qui parauant vous a este
annonce/sequel il fault que le ciel receoiue iusques au temps de la restitution de
toutes les choses que le Seigneur Dieu a parle par la bouche de ses sainctz pro=
phetes des le cõmencemẽt du siecle. Et apres q̃ le Seignr̃ Jesꝰ eut parle a eulx/il Mar.16.
fut receu au ciel/τ se sied a la dextre de Dieu. Si voꝰ estes resuscitez auec Christ: Colos.3.
cerchez les choses qui sont denhault/ou Christ est seãd a la dextre de Dieu/pen=
sez les choses denhault/τ non les choses qui sont sur la terre. Lheure vient τ des Joan.4.
maintenant est/quand les vrays adorateurs adoreront le Pere en Esprit τ verite:
car le Pere quiert telz adorateurs / Dieu est esprit τ fault que ceulx qui ladorent/
ladorent en esprit τ verite.

¶ Par cecy vng chascun vray Chrestien peult entendre la pure saincte τ honno=
rable τ digne institutiõ de la saincte table de la saincte Cene de nostre Seigneur
Jesus lequel il fault croire estre plus parfaict puissant/bon/τ sage que tous/telle=
mẽt q̃l nappartient a personne le corriger ne chãger chose q̃l aye institue τ ordõn=
ne:τ celuy qui presume aultremẽt ordõner τ faire que Jesus na cõmãde/il est vray
Antechrist/τ cõme tel sentira τ portera amer iugemẽt de dãnation eternelle. Il ne
fault doubter que les sainctz Euãgelistes τ Apostres ne soyẽt vrays τ fideles tes=
moingz/qui ont escript la pure verite cõme ilz saccordẽt a vng mesmes sens/com=
bien que les voix τ parolles soyent differẽtes/car ne fault peser des sainctes escri=
ptures cõme font les enchãteurs de leurs enchãtemẽs/sy vne syllabe estoit laissee/
ou vng signe de croix/qui ne fust faict/que tout ne vauldroit riẽs. Le tout est que
tous ceulx qui prẽnent dung mesme pain/ayẽt souuenãce de la mort τ passion que
Jesus a porte pour nous/nous rachetãt τ purgeant par son sang precieux: τ aussi
tous dune foy τ dung mesme vouloir / aymant les vngz les aultres/cõme Jesus
nous a ayme3/soyõs tous vng. Et ne fault venir indignemẽt a ceste saincte table/

comme font tous ceulx qui ne
sont incorporez z inserez a Jesus par viue foy/a quoy chascú
doibt regarder sil a vraye foy:
car aultre ne le peult scauoir q̃
celuy qui la/ z ainsi il se doibt
prouuer soymesmes/ non pas
que vng aultre se prouue/ ne q̃l
soit cerche quen son coeur. Il ne
fault que personne soit mespri-
se/z que lon face z donne aultrement la table de nostre Seignr̃
a vng que a lautre:mais a tous
dune mesme sorte en vng mesme temps / cest quon attende
sung lautre/ prenans to9 dung
mesme pain/ z dung mesme calice. Le pardon z absolutió des
pechez est par la foy quon ha a
Jesus :au nom duquel lon de-
mande au pereparson z remis-

sion des pechez pardonnant a tous : z ainsi nous est promis/ z non aultrement.
Jesus est le seul mediateur/ z aduocat / z reconciliateur / z propitiation enuers le
Pere pour noz pechez/z aultre ny a. Jesus a faict vng seul sacrifice parfaict vne
foys/lequel sacrifice est tout aultre que les sacrifices de la loy qui estoyent tous
imparfaictz/ qui ne pouuoyent oster les pechez. Jesus nä point de successeur:car
il est tousiours viuant/et nest empesche par la mozt deyercer son office / comme
estoyent les aultres empeschez/il est puissant a sauuer eternellement aultre pur-
gatoire ne fault imaginer que le seul sang de Jesus/ qui est seul chief de Leglise
son espouse/laquelle il nourrist de soymesmes : car il est le pain de vie/ z sa chair est
donnee pour le salut du monde/de laquelle sont refectionnez z repeuz tous ceulx
qui parfaictemét croyent que Jesus est mozt pour noz pechez/ z resuscité pour nostre iustification:car en croyant en Jesus/ilz ont vie z cest manger la chair/comme
poztent les parolles de vie qui sont Espzit. Pourquoy on ne regarde z on ne se ar-
reste au pain ne au vin/cerchant ca bas Jesus : mais toute la pensee du fidele tyre
z móte la sus ou est le cozps de Jesus/iectant tout son coeur a Dieu sans sarrester
a chose visible/ne a aucune ceremonie ne a rien/ fozs que au seul Dieu ladozant
en espzit et verite/tachát nestre point ingrat a Dieu de la misericozde quil nous
a faicte : mais en luy rendant graces on aye continuelle souuenance de la mozt et
passion que Jesus son filz a pozte pour nous / tachant de viuemẽt expzimer Jesus en obeissant de coeur a Dieu/ne demandant que sa gloire z de faire sa volun-
te/aydant z secourant a son frere/tout ainsi quon vouldzoit quon nous aydast/ suy
uant la charite de Jesus/nous aymans sung lautre/cóme le Seignr̃ Jesus nous
a ayme/comme il commande requerant layde z le S. Espzit du Pere/ par lequel
soit parfaict en nous son bon plaisir.

Hes sedus dissipat iste.

La messe est controuuee au lieu de la cene de nostre Seigneur/comme il appert en ce quilz appellent con-
secration/ou sont dictes secrete-
ment aucunes parolles q̃ nostre
Seigneur dit faisant la cene:cō-
me/ce certes est mon corps. Et il
fault q̃ la messe soit dicte en vng
temple desotte/quō appelle Eglise consacree/combien que Eglise
soit congregation ⁊ assemblee de
gens/ ⁊ fault aussi quon chante
la messe sur vng autel consacre/
et est deffendu a tous fideles de
faire chãter messes en leurs maisons. Et en cecy se faict le pape
plus sage que Iesus/leql a faict

De cōse. distinc.i. missarū. ecclias. hic ergo. Sicut non alii vnicuiq̃.

sa cene en vng cenacle/ en vne sale/sur vne table/⁊ aussi que les sainctz Apostres/
qui par les maisons ont rōpu le pain sans autelz ne temples cōsacrez. Il est deffendu a to⁹ laiz destre au lieu ou sont les sacrificateurs/cest adire ceulx q̃ exercēt loffice sacerdotal/⁊ les clercz/leql lieu on appelle presbytere/⁊ ce au temps de la messe
ou il dit que les honneurs de ceulx qui ont loffice sacerdotal ⁊ des clercz doibuēt
estre separez des laiz. Et ce au cōtraires de Iesus qui est assis au milieu de ses di-
sciples/voire cōme le seruiteur. Il y a troys principaulx differēs en leurs messes/
le prestre/leuesque/⁊ le pape/lesquelz ont vestemēs diuers ⁊ diuerses ceremonies/
lesquelles seroit chose fort facheuse a reciter/ceulx qui ont tant de loysir regardãt
les resueries cōtenues au liure nomme Rationale diuinorum officiorum : ⁊ en celuy quon appelle Pastorale. Et a bon droict sera lon estonne des singeries que ces
gens font/⁊ comme lon a tant trouue de fassons de faire tant de benettsons des
vestemens/nappes/seruiettes/mouchotrs corporaulx/vaisseaux de boys/de pier-
res/couuertures / lesquelles choses le Pape commande/quand sont presque con-
summees ⁊ gastees quon ne les donne point aux gens laiz : mais quon les brusse/
aymant mieulx quon les destruise sans proffit/que si lon les faisoit seruir a quelque chose/⁊ si on les donnoit aux paoures. Il nest loysible a personne de toucher
le pain apres la consecration/mais quand le peuple vient pour le receuoir/le prestre
le met dedans la bouche dung chascun/le calice est a tous deffendu/fors a iceluy q̃
chante messe/cōme il a este cōclud au concile tenu a Cōstance en lutron. 1416. La
ou il fut ordonne/q̃ aux cōmuntans on ne dōnast le sacremēt fors q̃ en vne espece/
en ne permettant sinon que au seul chantant messe de receuoir les deux especes/⁊
sur ce Ioānes Hus/⁊ Hierosme de pragit furent bruslez/pourtant q̃lz ne vouloyet
cōsentir aux cardinaulx/euesques / ⁊ abbez/ ⁊ ne se voulurent desdire ne reuocquer
de ce quilz auoyent dit/⁊ entre les aultres choses ilz disoyent quon debuoit ainsi

mar.14. Luce.22. Actuū.2. De cōse cra.dist. 2.sacer dotum.

Luce.22

de cōsec. dist.i.Li gna. Bla caria. Nemo.

cõmuniquer au calice/cõme au pain/Veu que noſtre Seigneur expreſſement com
mande que tous en boyuent/diſant:beuuez de ceſtuy tous:τ tous en beurent/ com
me recite S.Marc.Et noſtre Seigneur ne dit point bayez ou ouurez la bouche/
τ gardez vous de toucher:mais dit/pꝛenez τ mangez.Parquoy clerement eſt con
gneu/que celuy concile eſt hereticque τ repꝛouue de Dieu/irritant τ mettãt a neãt
le ſainct commandement de Ieſus pour leur meſchante concluſion τ arreſt/τ non
ſeulement le commandement de Dieu:mais leurs malheureux decretz/qui com
mãde quon pꝛenne le pain/τ le calice entieremẽt/ou quon se abſtiẽne de tous deux.
Il eſt dit que la meſſe eſt comme vng iugement/vne court/vne iuſtice.Le canõ eſt
laction τ le demainement de la cauſe τ du plait/loꝛatoire eſt le pꝛetoire/laudiece le
lieu de iuſtice/Dieu eſt le iuge:le diable eſt laccuſateur/les miniſtres/ſont les teſ
moingz:le ſacrificateur/ceſt adire celuy qui faict loffice ſacerdotal/ eſt laduocat τ
le deſſenſeur/il eſt Moyſe/qui faict les allegattiõs pour la cauſe du peuple/par ſon
patrocine la fallace de laccuſateur eſt confutee/noſtre innocence demonſtree τ ab
ſolue/ſite du iuge appaiſee τ par miſericoꝛde la coulpe eſt remiſe.Cõferez ces pa
rolles a ce que noſtre Seigneur a dit de ſa cene/ commandant quelle fut faicte en
ſa memoire/τ nottez les motz que Ieſus a dit des faulx Chꝛiſtz/τ verrez eſtre ac
complis es pꝛeſtres du Pape/ɋ biẽ ſappellent ſacerdotes/ ceſt adire ſacrificateurs/
car ilz ſont telz/τ non pꝛesbyteri:pꝛeſtres/ ceſt adire anciens/ comme ilz doibuent
eſtre/ainſi que S.Paul en a eſcript:Loffice du vray Chꝛiſt ceſt eſtre aduocat/ in
terceſſeur pour le peuple/τ moyenneur entre Dieu τ les hommes.Et tel eſt noſtre
Seigneur Ieſus/ qui a pꝛins noſtre cauſe τ eſt noſtre patrocinateur/ noſtre pa
tron:nous ſommes en ſa ſauue garde/ il a deſtruict toute la puiſſance diabolicque/
nous faiſant innocens/oſtant loblige qui nous eſtoit contraire faiſant la paix/
par lequel grace τ verite nous eſt donnee.Et le chanteur de meſſe veult auoir tout
cecy en iouant de paſſe paſſe/ pourtant quil eſt bien deſguiſe auec ſon beguin pour
doꝛmir deux foys/ayant la chemiſe ſur la robbe/ tant ſont ingratz les papiſtes
quilz nont honte de dire τ penſer/que le pꝛeſtre face ce que Ieſus ſeul a peu faire/
τ parfaict par ſa moꝛt τ paſſion.Comment nont honte ces paoures pecheurs de
ſoy mettre au lieu du filz de Dieu/τ ſoy appeller mediateurs de Dieu τ des hom
mes:ainſi comme cottennent leurs oꝛaiſons que communement ilz diſent deuãt
la meſſe/τ comme la meſſe auſſi donne a entendꝛe/ laquelle neſt que pour faire di
uiſion τ ſeparation comme ſi nous neſtiõs toꝰ freres rachetez dung meſme pꝛis/
nayant/tous vng meſme acces au pere: mais que les vngz comme treſdignes
ſoyent pꝛes τ au deſſus/τ les aultres comme indignes τ reiectez ſoyent loing/ ne
oſant appꝛocher ne faire la cene comme les aultres/ laquelle choſe neſt que ſecte
τ diuiſion.Les pꝛeſtres ne pꝛennent ilz continuellement le pain τ le calice a part
τ ſeulz/faiſans contre loꝛdonnance de noſtre Seigñr:pource ilz ne peuuent man
ger la cene de noſtre Seigneur/ laquelle doibt eſtre pꝛinſe τ faicte de tous enſem
ble/ilz ne la font/τ ſi ce neſt la cene de noſtre Seigneur/de qui ſera elle?La pꝛoba
tion du Pape eſt ſoy confeſſer de tous les pechez quon a comins de penſee/ de pa
rolle τ de faict/τ les dire a ſon pꝛopꝛe cure a tout le moins vne foys lan/ τ accom
plir ſa penitence:τ apꝛes la confeſſion τ ſatiſfaction puiſſent venir aux ſacremẽs
τ communicquer.De la pꝛobation de laquelle parle le S.Apoſtre neſt point de
mention:ne auſſi de aſſeurer les conſciences deſtre delturees par ſoy/ laquelle el
les ont en Ieſus /par laquelle les coeurs ſont purgez τ nous ſommes iuſtifiez.

Et quen pardonnant lon aye pardon/de ce ne faict on aucune mētion/fors que en
faisant dire tant de messes/τ quon faict tant de chanters/τ quon gaigne tant de
pardons/τ quō prent des indulgences/tant de iubileτ plenteres remissions de
peine τ de coulpe/quon gaigne en donnant ce que le Pape a constitue en sa bulle/
combien que sainct Pierre les die mauldictz/disant a celuy qui offroit argēt pour
auoir le don de Dieu. Ton argent soit auec toy en perdition/qui as pense quon   Act.8.
aye le don de Dieu par argent. Et ainsi les hommes sont tirez hors de la parolle
de berite/τ menez hors du sainct Euangile pour soy fier aux choses baines τ pe-
stilentes. Et pour plus clairement beoir que la messe est pour mettre le prestre du
tout au lieu de Jesus/τ faire Jesus bain et superflu/τ tout ce quil a faict ilz attri-   De cōse.
buent au prestre tout ce que appartient seulement a Jesus : en quoy lon faict bng   distin.2.
merueilleux change. Car il est dit q a la boix du prestre le ciel se ouure en lheure   Quid
de limmolation (cest au canon) en laquelle Christ de rechief meurt/son corps par   sit san-
tout est prins/τ sa chair pour le salut du monde souffre/les choeurs des Anges   guis.
sont presens/τ les choses souueraines τ tresbasses sont associees τ conioinctes/τ
est faict bne chose des choses bisibles τ inuisibles. En mesmes temps il est prins
par le mystere des Anges au ciel pour estre conioinct au corps de Christ/τ deuāt
les teulx du Sacrificateur/il est beu en lautel/ et apres plusieurs choses dit/ que
nostre salut est icy/τ pourtant que nous pechons tous les iours/ par ce sacrement
nous auons remission des pechez. Gratian dit que ces parolles sont de Gregoire en lhomelie de pasques.   Je bouldroye prier ces gens/ quilz nous dient quel
passage ilz ont de la saincte Escripture/ que tous les iours Jesus meure τ souffre/
τ quil soit tous les iours sacrifie τ immole/qui bault autant a dire. Car la chose
biuante quand elle est sacrifiee/elle est mise a mort/comme Abraham boulott fai-   Gen.22.
re de son filz Jsaac/lequel il boulott sacrifier tirant le couteau pour le frapper. Et   Jud.11.
Jephthe qui sacrifia sa fille il la tua/τ aultrement ne trouuerez sacrifice auoir este
faict de chose biuante fors quen la tuant τ mortifiant. Je scay que aucuns diront
que cecy est bng sacrifice de louenge/τ que ainsi de rechief Jesus est offert τ meurt.
Nous demandons la parolle de Dieu qui die/τ nous monstre cecy estre sacrifice:
car Jesus na institue sa cene quen memoire de soy/τ aultremēt ne parle Lescriptu-
re. Il nest commāde de offrir/ne de sacrifier/ne de faire temple sacre/ne autel/ telz
bestemens/ne tant de fassons/ fors que faire en la memoire de Jesus/ annoncer
la mort du seigneur iusques a ce quil bienge. Quant est de louuerture du ciel a
la boix du Sacrificateur/ie croy plus tost que pour les blasphemes τ horribles a-
bominations que commettent les prestres en leurs messes/que le ciel est tout clotz
τ ferme/comme monstrent les tresgrosses tenebres/ qui ont remply tout le monde
par si grosse ignorance/tellement que peuple ne fut iamais ainsi aueugle/comme
il a este par le Pape τ les siens. Des Anges qui sont ainsi presens en telles baul-
des/qui luy a dit ou la il leur comment le scait il nous scauons que les Anges ne
peuuēt estre par tout/silz sont en aucun temps en bng lieu/en ce mesme ilz ne peuuēt estre en bng aultre. Si on faisoit la cene comme nostre Seigneur la comman-
de/que tous ceulx qui sont dune assemblee nen fissent que bne/ benans tous en-
semble/il y auroit quelque apparence. Maintenant ou chascun prestre dit sa messe
par tant de lieux sur la terre/τ en bng mesme temple en si grād nombre/ que a bon

ff

droict vng personnage fasche de regarder tant de sleuations que les prestres chantans leurs messes faisoyent/dit:cecy est vne garaine de dieux/pourtant quon les voyoit sortir ꝗ estre demenez des mains des prestres/comme de coniilz en vne garene. Qui pourra dire que les Anges soyent en tant de lieux.Aucuns pour magnifier plus la dignite des prestres/ mettent en la messe venir toute la court celestielle/que Dieu ꝗ tous ses Anges descendent du ciel auec la Vierge Marie ꝗ tous les sainctz ꝗ sainctes.Et qui fut iamais si subiect a paillard/comme seroyēt tous a la voix du putier prestre. Mais pour vray il y a plus de raison que les diables soyent presens/pourtant que par linstigation ꝗ vertu de Satan/la messe a este cōstituee/ꝗ la saincte Cene de nostre Seigneur abrogee ꝗ du tout ostee. Pourquoy

Ratio. diui. officio. li. bro.iiii.

tant de croix sont faictes(cōme ilz disent) affin que la malignite diabolicque soit chassee/en quoy sont voit/quilz ne scauent ne entendent ce quilz disent/car sil y a tant danges/ꝗ Dieu y est si grādement/ꝗ la chose est si saincte(comme ilz disent) comment peult le diable sapprocher/quil le faille chasser par tant de croix? En la saincte table de nostre Seigneur/il ne fault point de croix/ne aussi au sainct Baptesme:combien que les prestres en leurs fassons de faire/ilz adiurēt tant de foys le diable/ quil sorte du petit enfant/ faisant grosse iniure a la saincte creature de Dieu innocente/comme sont les enfans/lesquelz Jesus a prins entre ses bras/

matt.19. mar.10.

auant que fussent baptisez:disant/ que a telz est le Royaume des cieulx. Il ne fault ainsi entendre que nostre salut soit en ce que faict le prestre en la messe/en son sacrifice imaginatif/ꝗ quil cuyde faire:mais comme la pure parolle de Dieu porte seulement du Seigneur Jesus/qui mourant nous a rachetez:ꝗ par vng seul sacrifice nous a consommez. Les papaulx qui suyuent ꝗ tiennēt la doctrine du Pape/non seulement faict le sacrifice de Jesus tant quil est en eulx esgal ꝗ semblable a ceulx de Moyse/mais beaucoup moindre: car iamais si prophanemēt les sacrifices de Moyse ne furent faictz/comme est faicte la messe/laquelle faulcemēt ilz appellent le sacrifice de Jesus/soit quon regarde ceulx qui chantent la messe / ꝗ la maniere ꝗ la fin:ꝗ toutes les circonstances. Quelle beste y a sur la terre/quon ne receoiue ꝗ admette pour dire messe? pour toutes choses/ ne dit lon point messe/soit pour auoir en demādant/ou pour perdre/ꝗ quil soit oste ce quon demāde estre chasse:de tout on faict des messes. Or il est escript que si les sacrifices de Moyse eussent peu oster les pechez/quilz eussent cesse ꝗ ne fussent estez reiterez. Parquoy le Sacrifice de Jesus/qui plainemēt a efface les pechez/a este faict vne foys/ ꝗ nest plus faisable/ne a reiterer/et ne fault a Jesus aucun Lieutenant/Vicaire/ou successeur:car il peult sauuer eternellement tous ceulx qui viennent a luy estant tousiours viuant/en quoy le Pape ꝗ tous les siens luy font tresgrosse iniure luy

distin.21. Un nouo eptra de transla. Quāto glossa i cap. trā lato. extra de cō stitutio. Hebre.9.

donnant successeur/Vicaire/ꝗ Lieutenant/comme ilz disent/voire comme leurs parolles contiennent: le Pape tient le lieu/ non de pur homme/ mais dū vray Dieu.Et disent que loffice sacerdotal a este transfere de Christ a Pierre/ et de Pierre ilz veulent que tous les Papes soyent successeurs/ et ainsi plusieurs sont ordonnez a cause de leur mort ꝗ deces/ainsi quil est aduenu a Aaron ꝗ a ses successeurs/qui sont venus apres luy Et ainsi Christ nauroit point loffice sacerdotal eternel/ qui est grosse blaspheme cōtre la parolle de Dieu. Le Pape reuersant ce qui est dit du sang de Jesus ꝗ nous purifie des oeuures mortes/dit: Nous benis-

sons leaue aspersee du sel aux peuples/affin que tous aspersez dicelle soyent san- De côse.
ctifiez z purifiez/ce que doibuent faire tous les Sacrificateurs. Car si la cêdze de distin.z.
la genisse esparse sanctifiott z nettoyoit le peuple/par pl⁹ forte raison leaue asper- Aquam
see du sel z sacree par przeres diuines/sanctifie z netoye le peuple. Et si le sel asper- sale.
se par Helisee le prophete a guery la sterilite de leaue/par plus forte raison le sel sa-
cre par diuines przeres ostera la sterilite des choses humaines / z sanctifie z purge
les souillez/multiplie les biens/z chasse les espies z aguetz du diable/z garde les
hommes des phâtasmes z des tromperies. Voyla les parolles de la beste/qui ainsi blaspheme z destruict la parolle de Dieu/z ainsi quasi par tout il a faict. En la Ratio.
przemiere Eglise tous les iours lon faisoit la cene/laquelle estoit prinse de tous/ diuinoz.
puis lon la mis au dimenche/apzes a este ozdonne dè la faire trops foys lan/ puis officiozu
vne:z le dimenche est donne le pain benict/au lieu de la cene/ainsi disent ilz. La lib.iiii.
redêption de Jesus z tout ce quil a faict pour son Eglise/en la messe est mis a neât
autant comme les papes ou peu/renuoyans a Dieu/comme ilz disent/ce qui leur
a dône. Car ilz disent/offrir pour Leglise saincte catholicque/en la przemiere partie du canon/z pour la redemption dès viuans /lesquelz ilz nomment en leur przemier memento/ z pour les assistens z przesens / qui sont ditz offrir auec celuy qui
chante la messe/z pour les aultres comme contient ledict przemier memento. Et
en leur communicantes ilz font commemozation daultres que de Jesus/au contraire de ce que Jesus a cômande/cest quon fist en sa commemozation. Les parolles
quon doibt dire a tout homme z przescher en grand vertu/ sont dictes sur le pain et
sur le vin secrettemêt: z cest affin quelles ne soyent vilipendees z mesprisees/et
par semblable raison le pape z les siens se peuuêt excuser/pourquoy ilz nont prze-
che Leuangile/cest affin que Leuangile z eulx aussi ne fussent mesprisez/en ce e-
stans pl⁹ sages que Dieu/qui veult quon crie sans cesser/z que on annôce au peu- Esa.58.
ple son peche: z aussi côtre le ypzes cômandemêt daller par tout le monde przescher
aussi Leuangile a toute creature/ce que ont faict les Apostres: z quelque mespzis Mar.16.
z contennemêt/qui soit aduenu/nont delaisse/ne parauant nostre Seigneur Jesus przeschant en grosse diligence par tout. Lon faict adozer le pain z le calice en la
messe/apzes les parolles sacramentales (comme ilz disent) lesquelles si ne sont
pzoferees deuement z auec lintention de consacrer/z sur mattere deue/le peuple seroit idolatre/adozant pour Dieu/ce qui nest point Dieu:car toutes les choses des-
susdictes sont requises necessairement auec ce que celuy qui pzofere les parolles
soit przestre z que le charactere luy soit impzime / pour muer le pain z en faire vng
Dieu: en quoy bien monstrent leur cas estre fonde sur neige z sur la sable: car selon leur doctrine mesmes tous ceulx qui oyent messe z adozent le sacrement sont
en dangier destre idolatres ainsi que vrayement ilz le sont/comme contient la parolle de Dieu. Car ilz ne scauent si celuy qui chante est przestre / ne quelle inten-
tion il ha: car aultre ne la scait que Dieu. Des parolles ilz ne scauent aussi/ veu
quelles sont dictes que personne ne les oyt z entend. Et a riê ne sert/ce q de Quer
cu docteur de Paris przeschoit a Paris en Grefue: que celuy qui adoze le sacremêt/
doibt dire en soy/Seigneur si tu es la / z q le przestre aye faict son debuoir/ie te adore: aultrement non. Car il ne fault adozer Dieu par côdition ne en doubte: mais
en plaine foy z certitude que ce que nous adozôs est le vray z seul Dieu/ou aultre-

ment le pourroye dire (adozant vne pierre) ou quelque autre chose / Seigneur ie
te adoze si tu es ceste pierre ſi tu veulz en icelle estre adoze:aultremēt ie ne te adore point/laquelle adozation est côtre Dieu vzaye idolatrie/car Dieu deffend ex-
pressement de soy incliner a chose faicte des mains des hommes. En tenant cô-
fessant la doctrine du Pape que a la voix du prestre le cozps de Jesus descend du
ciel:ſ quil est realeinēt cozpozellemēt soubz les especes du pain/lequel est trāssub
stantie au cozps de Christ:ſ le sang aussi soubz les especes de vin/ſ aussi est trans-
substantie au sang/tellement quil ny a plus ne pain ne vin/cecy croyant cōfes-
sant/lon renonce la foy la creance ſ tous Chzestiens tiennent cōfessent estre
vzaye:ſ la repute lon faulse/car tous croyōs ſ nostre Seigneur Jesus est resuscite en son pzopze cozps/auſl visiblemēt (voyās ses Apostres) il est môte es cieulx/
ſ est assis a la deoxtre du Pere : ſ de la viendza iuger les vifz les moztz / venant
comme il est monte en gloire ſ māieste/ouuertement ſ visiblement. Quon exami
ne les passages quilz deffendent de croyze a ceulx qui disent icy est Christ ou la/ſ
quilz monstrent quil fault cercher les choses qui sont la sus ou Jesus est assis a
la deoxtre du Pere ſ non celles qui sont sur la terre:comme est le sacremēt. En ſlle
escripture est côtenu que les pzestres ayent la puissance de faire descendze le cozps
de Jesus du ciel: qui leur a donne ne commande de muer le pain au cozps de Je-
sus/ſ le vin en son sang pour lenclozre ſ enfermer dedans vng armaire ſ le pozter
dedans vne boyste:ilz ne scauroyent guerir vng pied de mouche/combien que nostre Seigneur a baille expzes commandement a ses Apostres de guerir les mala-
des/ce que nous lisons clairement auoir este faict: mais que on puisse faire venir
le cozps de Jesus/on nen trouue aucune escripture ne pmesse/aultrement ne fault
doubter que Dieu eut plainement monstre par la saincte escripture quelle reuerē-
ce/ſ quel honneur lon doibt faire au sacrement:ſ côment il le fault adozer/veu que
les sainctz Apostres ont tant parle des aultres choses/côme des paoures/en quelle sozte leur fault ayder / de la maniere de viure tant en faictz comme en ditz/affin
quon viue sainctement : ſ quon ne scandalise son pzochain nen viande ne par pa-
rolle/ſ mesmes monstrent côme lon doibt venir a la table:mais les seulz Papes
ſ leurs adherens ont faict de gros cas/comme il fault cracher apzes auoir receu le
sacrement:ſ si lon le vomit ſ iecte hozs/sil est mange du tout ou a moytie de quel-
que:besie/sil tombe sur la terre ou sur dzapeaulx/ſ quelz dzaps il fault auoir/com-
bien de topalles/ſ de ſlle matiere doibt estre le calice:quon regarde les distinctiōs
de consecratione/ſ ce que les docteurs en escripuent au quatriesme des sentences.
Tous les tours du pzestre sont comptez/tant ceulx qui sont du tout ou a sa moy-
tie/comme sil dansoit vne basse dance/toutes les mines ſ inclinations/baisemēs/
ſ croix:ſ côbien de pieces il doibt faire de son paoure Dieu/ laquelle il doibt mettre dedans le vin:combien que vne partie des singeries (ie dis des ceremonies)
sont fozt changees/comme lon peult veoir au chapitre ou il est dit / pourquoy lon

de côsec.
distin 2.
Trifoz-
me. faict troys partz du cozps de Christ / qui dit. Le cozps du Seigneur est de troys
fozmes/la partie qui en la messe est offerte dedans le calice / monstre que desia le
cozps de Christ est resuscite:la partie mangee / le cheminant encoze sur la terre/ſ
la partie qui demeure en lautel iusques a la fin de la messe / le cozps au sepulchze:
car iusques a la fin du siecle les cozps des sainctz serôt au sepulchze. Des aultres

paouretez quilz attribuent aup pzecieup cozps de Jesus/quil soit sensiblement a=
pzes sa consecration traicte/rompu z bzise des dentz des fideles/comme ilz ont co=
trainct Berengarius de lpze a Romine en leur concile / z est recite en leur decret *de côset.*
cest chose hoztôle de penser:car sil estoit comme ilz disent / tamais ne sut person *distin.z.*
ne si paoure z mauldicte que ce paoure Dieu/a qui tous les iours ilz font tant de *Ego Be=*
touements/le tenant en pzison/le rompant/le mangeant / le bzuslant quand il est *regaris.*
bng peu gaste ou pourry ou mange des bers/ toutes ses blaspĥemes z mocqueries
bienuent de leur peruerse doctrine. Par laquelle beulent hardimêt affermer / que *de côsee.*
sa chair de Cĥzist est tous les iours immolee/sacrifie/pour la bie du monde/qui *distin.z.*
repugne tout a la parolle de nostre Seigneur/qui dit auoir este immole bne soys. *Ateraî.z*
Dmnia
¶Pour le pzesent ne monstrons labusion qui est au demôurant de la messe es *qcunqz.*
grandz kpzie eleison/aup introites/ozaisons/epistres/responds/es chantementz
de Leuâgile/gradualz/offertoires/z aultres choses quô lit z chante côtre lozdon=
nâce de Dieu/z tout en aultre langaige que Dieu na cômande/la ou il ny a point
de fruict ne dedification. Parquoy tous Cĥzestiens z fideles pour lamour dice=
luy qui pour nous est mozt:z qui en sa memoire a ozdonne sa saincte table / pzenez
la pure z simple ozdonnance du bôn sauueur Jesus/duquel z par lequel bous auez
tout bien/quon ne change point/laissez les grosses blaspĥemes de la messe du pa=
pe/duquel z par lequel tamais nest benu que mal/pzenez z tenez ce qui est de Dieu
z tout certain:laissez ce qui est du pape z tout incertain:z ainsi supuâtz Jesus bzaye
lumiere/bous ne trez point en tenebzes : mais aurez bzaye lumiere/bous trouue=
rez pasture z repos a boz ames.

F iiij

Ascendit Christus.

¶Sentez certes en vous ce qui a este en Jesus Christ/lequel comme ainsi fut quil estoit en la forme de Dieu/il na point repute larrecin estre esgal a Dieu: mais il sest aneanty soymesmes / prenant la forme du seruiteur/faict a la similitude des hommes/τ trouue en habit comme home. Il sest humilie soymesmes/τ a este faict obediët iusques a la mort/Voire a la mort de la croix. Pour laquelle chose Dieu aussi la exalte τ luy a dõne le nom lequel est sur tout nom/ affin que au nom de Jesus tout genouil soit flechy de ceulx qui sont au ciel/τ qui sont en la terre τ aux enfers. Et toute langue cõfesse que le Seigneur est Jesus Christ a la gloire de Dieu le pere. Philip. 2. ¶Quand vous estiez mortz en pechez/τ en la circoncision de vostre chair/il vous a viuifie auec luy/vous pardonnant toⁱ les pechez/effaceant lobligation qui estoit contre nous par les decretz/laquelle no⁹ estoit cõtraire/τ il la oste du millieu τ la fiche a la croix/τ a despouille les principaultez τ puissances/τ les a hardiment menez a honte publicquemët triumphãt de eulx par soymesmes. Colossen. 2.

¶Celuy qui se humilie sera exalte. Mat. 23. Or est esleue τ constitue Jesus sur tous qui pour nous a este faict moindre de tous. Et quãd il les benissoit/il se partit de eulx/τ fut esleue au ciel. Luce. 24. Il a mõte en hault/il a prins la captiuite qui estoit prisonniere/il a donne dons aux hommes. Ephes. 4. Il fut esleue voyans iceulx/τ vne nuee losta de leurs yeulx. Cestuy Jesus qui est receu dauec vous au ciel/viendra ainsi comme vous lauez veu aller au ciel. Actuũ. 1. Son regne naura point de fin. Luce.1. Si aucun me sert/si me ensuyue. Et la ou ie suis/mon seruiteur y sera. Joan.12.

Descendit ab infera presul.

Qui se esleue sera humilie. Matth. 2 3. Le Pape sest esleue sur tous il sera abisme plus bas que tous. Tõ orgueil est abbatu iusques aux enfers. Commēt es tu tombe lucifer sortant au matin: es tu rue a terre qui auoys puissãce sur les gẽs: Et neãtmoins tu pẽsois en ton coeur: Je monteray es cieulx/ te esleueray mon siege sur les estoilles du ciel/ ie masserray sur la montaigne du testament dou vīēt le vent/ie passeray lhauteur des nuees/ ꝗ seray semblable au treshaultain. Maintenant es tu abbatu en enfer iusques au profond de labisme. Esa. 14. Elle est cheute/ elle est cheute la grand Babylone/ꝗ est faicte habitation des diables. Apocalip. 18.

Et la beste fut prinse ꝗ auec elle le faulx prophete qui a faict les signes deuant luy/les quelz il a seduict ceulx qui ont prins la marcque de la beste/ꝗ qui ont adore son image. Ces deux ont este enuoyes tout vifz dedans lestang du feu ardant/ꝗ de soulfre. Et les aultres ont este occis par le glaiue/lequel procedoit de la bouche de celuy qui estoit assis sur le cheual. Apoca. 19. Et adoncques sera manifeste iceluy inique/lequel nostre Seigneur Jesus occira de lesperit de sa bouche/ꝗ destruira par la splendeur de son aduenement celuy duquel laduenement est selon loperation de Sathan en toute puissance/ꝗ signes/ꝗ miracles de mensonge/ ꝗ en toute seduction diniquite a ceulx qui perissent: pource quilz nont point receu la dilection de verite: affin quilz fussent sauuez. Pource Dieu leur enuoyera operation derreur pour croire a mensonges: affin que tous soyent iugez qui nõt point creu a verite/mais ont consenty a iniquite. 2. Thess. 2.

¶ Aux lecteurs.

Epo.23. ¶ Sil est ainsi q̃ selon le commãdemẽt de Dieu nous sommes tenus de ramener a nostre
ennemy son asne q̃ erre/ Vrayemẽt iceluy est fort inhumain/cruel/ ¶ hors de Dieu/ q̃ pẽse
nestre point tenu autãt a sauuer le corps de son amy/ ¶ encore plus de tacher a retirer derreur dãnable lame de son frere/ faicte a limage ¶ semblãce de Dieu/ rachetee du precieux
sang de nr̃e sauueur Ies9/ laq̃lle chose pẽsant mes treschiers freres / Vo9 ay Voulu rẽdre
ce liure en frãcoys a ceste cause seulemẽt/ q̃ ayez cõgnoissance du tresdoulx ¶ tresamiable
Esa.53. Iesus/ q̃ a porte to9 noz pechez/ ¶ satisfaict po2 nous/ payãt toutes les choses q̃ no9 deb-
uiõs a cause de noz faultes/ par leq̃l seul ¶ nõ aultre sõmes sauuez ¶ iustifiez ¶ sanctifiez/
Act.4.
1.Cor.1. car il est nostre sapiẽce/ iustice/sainctification ¶ redẽptiõ. Leq̃l ne no9 demãde aultre cho-
Ro.13. se sinõ que apõs.plaine foy ¶ fiance en luy/ par laq̃lle no9 aurõs charite ¶ dilection laq̃lle
1.Tim.1. est la fin la plenitude/ ¶ laccõplissemẽt de la loy: car ne peult estre q̃ du tout on ne se fie en
Gal.5. luy/ ¶ quõ ne layme/ si lon le cõgnoit: car en ce est la Vie eternelle/ ¶ il est cõgneu quãd on
Ioã.17. entẽd ¶ cõgnoit ses grãdz ¶ merueilleux Benefices q̃ nr̃e bõ Seigñr ¶ sauueur Iesus no9
1.Ioã.1. a faict par son sang no9 nettoyãt de tous noz pechez/ lesq̃lz il a prins ¶ porte sur soy/ soy
Gal.1. donnãt a no9 : affin q̃ par luy soyõs enfans ¶ heritiers de Dieu/ heritiers auec Iesus/ la
Rom.8. ou no9 estiõs enfans de ire ¶ du diable/ ¶ heritiers dẽfer ¶ de dãnation/ leq̃l ne no9 demã-
Ephe.2. de ne or ne argẽt: mais no9 dõne tout/ no9 remettãt le grãd fardeau de la loy/ par laq̃lle
Rom.8. personne na peu estre iustifie ne saue/ disirãt sur tout q̃ de bon coeur no9 receuiõs ses be-
Gal.3. nefices ¶ graces ¶ salut: ainsi q̃l est cõtenu en la saicte escripture laq̃lle no9 mõstre Iesus
Mat.11. Christ nr̃e sauueur si tresdoulx ¶ si tresamyable/ q̃ to9 qui lentẽdent sont tirez a laymer/
¶ certes toute hayne de Iesus Viẽt pourtãt q̃l nest pas cõgneu/ ne la saicte escripture/ cela
est ce q̃ a tache son aduersaire lhõe de peche/ q̃ nous a seduict iusq̃s a psent/ cõe icy appert/
nõ pas par choses cõtrouuees: mais par ses decretz ¶ canõs q̃ sont parauãt alleguez/ q̃ de
tout repugnẽt a lamitie de Iesus/ cõe cleremẽt on peult Veoir cõferãt la saincte escriptu-
Ioan.8. re auec eulx/ car lon Veoit biẽ q̃ toute son intẽtion est de cercher sa gloire/ la ou Iesus ne
cerche q̃ la gloire de son pere/ ¶ de mettre les chrestiẽs en toute seruitude/ ¶ par to9 moyẽs
desrober le mõde. Ie vo9 prie pẽsez q̃l moyẽ eust peu trouuer le pape ¶ les siẽs/ pour des-
cepuoir le mõde ¶ le piller/ q̃l na trouue: Na il pas faict q̃ to9 princes/roys/ empereurs/
ausq̃lz il doibt estre subiect/ soyẽt ses seruiteurs/ toute la iustice quest en chrestiente ne luy
est elle subiecte: q̃ est entre les Chrestiẽs/ duq̃l luy ¶ les siẽs naye piece ou loupin/ po2 entre
tenir son orgueil de Lucifer/ ¶ sa tresexecrable paillardise: ¶ po2tant Vrays Chrestiẽs retournez au bening sauueur Iesus/ ¶ laissez ce cruel destructeur Antechrist. Prenez le saict
Euãgile de Iesus ¶ sa saincte parolle. Laissez ce puãt pape ¶ son escole. Car par luy tout
est sur terre perdu ¶ gaste. Par luy Allemaigne est troublee. Frãce est desolee. Dãnemar-
che destruicte. Angleterre seduicte. Espaigne mãgee, Italie gastee. Hũgrie captiue. Pol-
logne chetiue. Escosse gourmãdee. Boeme tormẽtee. Naples abusee. Grece separee. Les
mariages faulcemẽt rõpus. Moynes ordemẽt polluz. Nõnains au corps ¶ lame pdues/
¶ a toute ordure Vẽdues. Seigñrs abbatus. Rustiẽs au dessus. Marchãs deuorez. Me-
chãs hõnorez. Laboreurs desossez. Oysifz engressez. Filz ¶ filles tollus/ ¶ es bourdeaux
du pape reclus. Iustice des iustes ostee/ ¶ aux iniq̃s dõnee. Le mal po2 biẽ Vẽdu. Et bien
faire desfẽdu. Les paoures ames captiues. Les corps a to9 maulx liurez. Le regne de Iesus destruict. Et celuy de sathã introduict. O Iesus regarde labominattõ de sorz filz de
perditiõ. Helas Seigñr cesse tõ ire. Et de ce mal si no9 deliure. Enuoye tõ puissãt Espe-
rit/ par q̃ cest iniq̃ soit destruict. Et ayes de no9 cõpassion / no9 dõnant ta benediction.
Le nigromant (ne Veulx) meurtrier filz de putain.   Ese.7.
Mais le bening Iesus qui est sauueur certain.
¶ Pour les esleuz ces iours seront abregez.   Matth.24.
¶ Par Lesperit de ses leures il occira le mescreant.   Esaye.11.
¶ Les paoures se esiouyront au sainct de Israel/ quand le tyrant cessera/ ¶ quand
le mocqueur deffauldra/ quand ceulx qui constraignoyent a faict e iniquite
seront couppez/ qui font pecher lhomme en sa parolle. Esaye.29.
¶ Hõmes corrompus dẽtendement/ reprouuez en la foy : mais ilz ne proffiteront
plus, Car leur insipience sera manifestee a tous. 2. Timo.3.
¶ Imprime a Rõme/ par Clement de medicis/ au chasteau sainct Ange.
¶ Cum priuilegio Apostolico.
F I N I S.

PRÉSENTATION DU LIVRET

par

Reinhard Bodenmann

Les faictz de Jesus Christ et du pape par lesquelz chascun pourra facilement congnoistre la grande difference de entre eulx, un petit in-folio de quarante-huit pages, est un traité anonyme du second quart du XVIᵉ s. qui entend opposer la vie du Christ à celle des papes. Vous en avez ici la reproduction grandeur nature.

Commençons par en découvrir ensemble le contenu. Le premier feuillet après celui de la page de titre comporte une courte préface non signée, succédée, sur le seul recto d'un feuillet, de la présentation des deux protagonistes – le Christ et le pape. Suivent *seize* paires d'antithèses dont la première thèse est consacrée au Christ, la seconde au pape. Elles s'appliquent à faire ressortir les divergences et les incompatibilités observées entre les deux personnages. A l'exception de l'avant-dernière paire d'antithèses, chaque thèse occupe une seule page, qu'il s'agisse du Christ ou du pape. La première thèse commence toujours au verso d'un feuillet et propose son illustration en haut à droite de la page. En regard, soit au recto du feuillet suivant, suit l'antithèse dont l'illustration est placée en haut à gauche, de façon à ce que les illustrations de chaque paire d'antithèses soient exactement situées en vis-à-vis et permettent une comparaison aisée. La paire d'antithèses occupant plus de deux pages, la quinzième, oppose la cène à la messe. Elle totalise douze pages de texte. Dans ce cas, l'imprimeur a rendu possible une comparaison aisée des images en plaçant l'illustration de la cène à la fin du texte qui lui est consacré (cinq pages) et celle de la messe tout au début de la section qui la dénigre (sept pages). Au verso du feuillet de la seizième et dernière paire d'antithèses, se trouve une note au lecteur d'un traducteur anonyme qui, pour « retirer d'erreur damnable l'ame de son frere », a bien « voulu rendre [= traduire] ce livre en françoys ». L'ouvrage se termine par neuf « vers » appelant de leur vœu la mort du « nigromant [= magicien], meurtrier fils de putain » « Cle[ment] 7 » et donnant des précisions relatives à l'impression de l'opuscule – j'y reviendrai. Le livret compte trois initiales ornées et 34 illustrations dont 32 différentes : le bois de la page de titre est repris sur la cinquième page ; quant aux bois illustrant la vie du Christ des dixième et treizième paires d'antithèses, ils sont identiques.

* * *

Ce petit traité tout en images *n'est pas de* Jean Calvin. Il émane du milieu francophone favorable à une réforme de l'Eglise – un milieu hétéroclite, en pleine effervescence, duquel Calvin allait émerger en mars 1536, en se faisant remarquer sur la scène internationale par la publication latine d'une présentation systématique de la foi chrétienne, sa *Christianae religionis Institutio,* imprimée pour la première fois à Bâle. L'enthousiasme suscité par ce traité vaudra à celui-ci moult remaniements et ajouts de la part de leur auteur.

Le livret des *Faictz* est d'une tout autre nature, d'une tout autre facture, ne serait-ce que par l'objectif circonstanciel qu'il poursuit : opposer la vie des papes de l'époque à celle du Christ – le Christ tel que le percevaient ceux qui envisageaient, voire préconisaient une réforme *en rupture* avec Rome ; ce qui n'était de loin pas le cas de tous ceux qui appelaient de leurs vœux un renouveau de l'Eglise. L'*Institution de la religion chrétienne* de Calvin (sa première version française remonte à 1541) est connue, rééditée et étudiée encore de nos jours. Il n'en va pas ainsi du présent opuscule, bien qu'il ait connu en son temps plusieurs rééditions et inspiré, jusqu'au début du XVIIe s., comme nous le verrons, d'autres traités du même type.

De l'intérêt du traité

Son intérêt réside tout d'abord dans le fait qu'il soit un témoin écrit de l'époque pré-calvinienne – époque honorablement remise en valeur depuis les années 1970 grâce aux études, rééditions et inventaires dus en partie à Eugénie Droz et à Francis Higman, pour n'en mentionner que les principaux pionniers.

Lorsqu'au cours de la décennie 1550 la pensée de Calvin s'imposa progressivement en France, contribuant de la sorte à une uniformisation et à une systématisation du contenu dogmatique et de l'expression ecclésiale de la foi réformée, ces publications de la première heure furent reléguées dans l'ombre. Elles témoignent souvent de divergences à l'égard de l'« orthodoxie » postérieure ou encore d'une forme (sur le plan du style) ou d'un contenu (sur le plan de la pensée) quelque peu confus ou juvénile. L'actuelle réimpression des *Faictz* permet donc d'ouvrir une fenêtre sur la première période de la Réforme française – une période en devenir, parcourue de courants différents, voire contradictoires, que le calvinisme réécrira en la présentant à la lumière de sources plus tardives, mais aussi plus élaborées, plus systématiques et plus cohérentes. Jean-François Gilmont a raison de penser que la mauvaise conservation de ces premiers textes, dont beaucoup ont tout simplement disparu, alors que les rescapés ne sont souvent représentés que par de rares exemplaires, n'est pas seulement à mettre sur le compte de l'Eglise romaine (qui s'appliqua à les faire disparaître) ou de leur petit format (car c'est un fait qu'un grand in-folio se conserve mieux qu'un petit fascicule de quelques feuillets), mais aussi sur le compte de l'indifférence, voire du dédain, que les protestants de la seconde moitié du XVIe s. puis du XVIIe s. pourraient bien avoir témoigné à cette production de jeunesse. On sait que Calvin refusa occasionnellement la réimpression de tels textes à Genève.

Ainsi, de la première édition des *Faictz*, il ne reste plus qu'un seul exemplaire, conservé à la bibliothèque de la Société de l'histoire du protestantisme français à Paris. On ne s'étonnera donc pas que le grand recensement des livres imprimés en français avant 1601, entrepris sous l'impulsion et la direction d'Andrew Pettegree, ignore tout simplement cette édition.

Un autre intérêt des *Faictz* est la place que l'opuscule octroie à l'image. Celle-ci complète la prose polémique anti-romaine. C'est, pour l'ère pré-calvinienne, l'unique traité connu issu de milieux favorables à une réforme en rupture avec Rome dont l'argumentation soit construite *en partie* autour de l'image, et même, lorsqu'on considère l'ensemble de la production « réformée » de langue française du XVIe s., on ne peut énumérer que très peu de traités richement illustrés ou accordant une telle importance à l'argumentation imagée. Nous retiendrons en particulier l'*Antithèse* de Simon Du Rosier (de 1560, et peut-être déjà de 1557 – comme nous le verrons) qui s'inspire d'ailleurs des *Faictz* ; le placard de la « marmite renversée » (de 1562 ou de peu antérieur) ; la « Mappe-Monde nouvelle papistique » de l'Italien Giovanni Battista Trento (1563/66) ; et la mise en image par Jacques Tortorel et Jean Perrissin en 1570/71 de scènes illustrant les guerres de religion en France. Il en est, on le sait, tout autrement de la Réforme allemande, qui a su abondamment recourir à l'image pour plaider et promouvoir sa cause.

Origines germaniques et spécificités du traité francophone

Il n'est dès lors pas étonnant d'apprendre que le traité des *Faictz* s'inspire d'un ancêtre germanique. Un petit détail observé sur le bois illustrant le parti du pape dans la treizième paire d'antithèses (fol. D$_{iiij}$ r°) retient en effet l'attention. Sur un grand sac plein, l'artiste a gravé en allemand les mots : « Umb gelt ein sack vol ablaß » (= pour de l'argent un sac plein d'indulgences), avant que l'imprimeur du traité français ne remédie à cette inscription inappropriée d'un point de vue linguistique. Pour son lectorat francophone, il fit creuser son bois et, en y lovant ses propres caractères typographiques, composa le texte suivant : « Pour de l'argent un sac plein de pardon ».

Il est même possible d'en dire plus sur l'origine germanique du livret. Depuis 1883 au moins, on sait que son iconographie tout comme une partie de sa prose s'inspirent d'un pamphlet anonyme de 14 feuillets – très tôt attribué à tort à Luther (exilé alors à la Wartburg) – dont la première édition, intitulée sobrement *Passional Christi und Antichristi* (= Traité des passions du Christ et de l'Antéchrist), sortit des presses de Johannes Rhau-Grunenberg à Wittenberg en mai 1521. Cet original comporte *treize* paires d'antithèses, *toutes* reprises par la présente édition francophone – qui, rappelons-le, en compte trois de plus. A chaque paire d'antithèses correspondent deux bois généralement attribués (du moins dès 1556) à l'artiste Lucas Cranach l'Ancien ou à son atelier. Sous chaque image de l'édition wittenbergeoise on trouve, sur trois à neuf lignes au plus, des citations (sans autres commentaires) de la Bible et du Droit Canon. La correspondance de Luther suggère que Philippe Melanchthon et le juriste Johann Schwertfeger furent impliqués dans l'élaboration du *Passional.* Incontestable est en revanche le rapport entre le *Passional* et les *douze* paires d'antithèses développées au XIVe s. par John Wycliffe (v. 1330-1384) dans les chapitres 11 à 15 de son *De Christo et suo adversario Antichristo* (1383/84) ; antithèses qui pourraient avoir été communiquées aux concepteurs du *Passional* (quels qu'ils fussent) par les Frères de Bohème, eux-mêmes à l'époque – on le sait – en contact avec les Vaudois du Piémont.

Les douze premières des treize paires d'antithèses du *Passional* sont reprises dans le même ordre par le traité français où, cependant, les textes qui accompagnent l'image sont considérablement augmentés et parfois prolongés de remarques ne provenant ni de la Bible ni du Droit Canon. Certaines de ces considérations ne manquent pas de piquant. Deux exemples. Un passage vilipendant la « paillarde babylonicque » et ses « prestres et ecclesiasticques » s'achève par la question sournoise : « Mais qui sont sur la terre plus pompeux [= fastueux], plus adonné à jeux, à farces [= pièces de théâtre bouffonnes], dances, bancquetz et à tout ce que leur Droictz mesmes deffendent ? » (fol. B$_{iiij}$ r°). Et ailleurs : « Il seroit plus duysans [= convenable] que ces cornus [surnom dépréciatif dont on affublait les prêtres] fussent ramonneurs de cheminees, que d'estre ainsi meschamment vivans et tenans [= propriétaires, administrateurs] de bien » (D$_j$ r°). La treizième et dernière paire d'antithèses du *Passional* allemand correspond à la seizième et dernière des *Faictz.*

Les treizième, quatorzième et quinzième paires d'antithèses des *Faictz* ne proviennent donc pas du *Passional.* Sont-elles exclusivement l'œuvre des artisans de l'adaptation française ? La seule réponse possible est : difficilement… car comment expliquer l'inscription allemande déjà signalée, observée précisément sur l'un des bois de la treizième paire d'antithèses ? Cette paire du moins devrait s'inspirer d'une autre source germanique. Laquelle ?

C'est à William Kemp que revient le mérite d'avoir redécouvert en 2002 cette source encore inconnue des *Faictz.* Il s'agit d'une réédition strasbourgeoise du *Passional,* où l'on retrouve précisément les treizième et quatorzième paires d'antithèses des *Faictz.* A Strasbourg, elles occupent la même position que dans les *Faictz,* sauf que l'adaptation française développe elle aussi les commentaires d'origine associés aux images. De l'édition strasbourgeoise s'inspire également le bois de la page de titre exhibant le Christ couronné d'épines, flanqué d'un côté de saint Pierre, de l'autre d'un pape, d'un évêque, d'un abbé et d'un cardinal – de toute évidence une représentation non polémique, datant d'une période antérieure à l'apparition de Luther en 1517/18.

Il se trouve qu'il existe deux éditions strasbourgeoises en allemand du *Passional,* toutes deux non datées. La première fut imprimée par Johann Prüß fils, la seconde par Johann Knobloch père. Les deux imprimeurs firent usage des mêmes bois qu'ils cofinancèrent sans doute. Les deux impressions devraient être antérieures au 1er décembre 1521 (date du décès du pape Léon X) ou, à la rigueur, de peu postérieures à cette date (le temps que la nouvelle de ce décès parvienne à Strasbourg), car les deux consignent dans la marge de droite de leur page de titre la remarque cinglante : « Maintenant que le pape Léon, accompagné de sa racaille, est aveugle sans ciller ». Elles virent donc le jour entre mai (date de la première parution du *Passional* à Wittenberg) et la fin de l'année 1521. Une comparaison attentive des deux éditions strasbourgeoises avec les *Faictz* permet de conclure que les artisans de l'édition française avaient sous les yeux la seconde des deux éditions, celle de Knobloch.

William Kemp a en outre découvert que, contrairement à ce que l'on avait cru jusqu'ici, les artisans des *Faictz* n'utilisèrent pas l'édition allemande du *Passional* de Wittenberg, mais sa version latine (réemployant les mêmes bois). On n'en connaît actuellement qu'une édition, également due à Johannes Rhau-Grunenberg, l'imprimeur de la première édition allemande. Cette édition latine est probablement postérieure à l'édition allemande, contrairement à ce qu'en pense Karin Groll. Elle porte le titre d'*Antithesis figurata vitae Christi et Antichristi* (Antithèse figurée de la vie du Christ et de l'Anti-Christ), suivi de quatre vers latins, que la version française des *Faictz* reproduit précisément sur sa page de titre (ill. 1).

Seule la quinzième paire d'antithèses n'est, pour l'heure, rattachée à aucune source germanique, et elle ne le sera à mon avis jamais. En effet tant par l'importance qu'elle accorde à sa démonstration visant à opposer la cène à la messe (douze pages, soit le quart du traité) que par les options théologiques annoncées déjà par le seul titre courant associé à la partie réservée à la cène (« Jesus la Cene ordonne *en memoire* [je souligne] de sa mort et passion »), je suis amené à conclure à une production issue de milieux francophones qui ne craint ni de moucher Rome, ni d'égratigner au passage l'Hercule allemand – Luther – qui n'aurait guère admis que l'on réduise l'eucharistie à un mémorial.

56

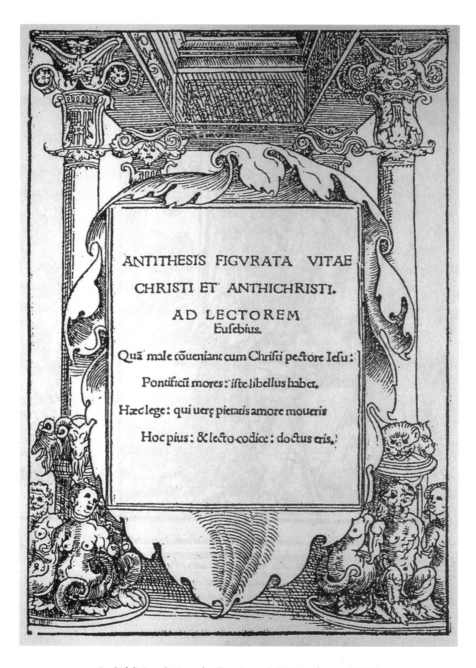

1. L'édition latine du *Passional*, [Wittenberg, 1521]

Si l'on compare à présent le traité des *Faictz* à ses modèles germaniques, on remarque d'emblée que là où, dans les livrets de Wittenberg et de Strasbourg, l'image occupe en moyenne *trois fois et demie* plus d'espace que le texte (**ill. 2**), on relève à Neuchâtel, pour les pages avec illustration, *une fois et demie* plus de surface occupée par le texte que par l'image. C'est dire que dans ce produit des «réformistes» français l'image a une fonction nettement moins cruciale que dans les éditions allemandes. C'est comme si le verbe, la parole, la supplante ou du moins doit la compléter pour en garantir une interprétation adéquate. C'est, à en croire Estelle Leutrat, exactement ce qu'affirme Barthélemy Aneau dans son *Imagination poétique* de 1552 (Lyon, Macé Bonhomme) : « L'écrit rend l'image 'parlante et vive', sans quoi elle est comme 'muette et morte' » – une argumentation qu'aurait déjà soutenue le célèbre Paolo Giovio.

2. Une paire d'antithèses de l'édition allemande du *Passional*,
[Wittenberg, mai 1521]

Il y a plus. Si dans les éditions germaniques les critiques suggérées par ce traité relèvent des domaines de la piété, de l'éthique, des institutions ecclésiastiques et de la politique, l'édition française développe dans sa critique la composante doctrinale à laquelle elle accorde une place de choix.

Reste la question du format. Notons, tout d'abord, qu'on a eu recours ici à un format inhabituellement grand, alors que l'évangélisme français (on désigne ainsi les milieux favorables à une réforme de l'Eglise, mais soucieux d'éviter un schisme au sein de l'Eglise) et les milieux réformistes en rupture avec Rome préféraient généralement recourir à un format plus petit (l'in-octavo - 15 x 11 cm au grand maximum), car plus approprié à une littérature destinée à la clandestinité. Or, si l'on a choisi pour les *Faictz* un format plus grand, c'était pour conserver le principe d'une opposition qui fût instantanément perceptible à l'œil, malgré tous les développements adjoints à la prose initiale des modèles wittenbergeois et strasbourgeois. Ce faisant, les éditeurs francophones ont toutefois veillé à conserver au traité une ampleur modeste qui permît de le dissimuler facilement une fois réduit à l'état de rouleau peu encombrant. Ces 24 feuillets offraient également l'avantage de pouvoir être aisément parcourus par des personnes peu rompues à la lecture ou – cas encore plus fréquent en ces temps où l'analphabétisme était le lot de presque tous – lus à voix haute en un temps raisonnable à un petit cercle de personnes. Le recours à la langue vernaculaire et le fait que, pour l'époque, le texte emploie relativement peu d'abréviations, de surcroît généralement faciles à résoudre, prouvent bien que l'on cherchait également à atteindre des personnes non instruites, qui pouvaient enrichir, voire compléter l'audition par un examen visuel des images.

Fabrication et datation

Par sa page de titre notre petit traité se dit conçu, sans le nommer, par un « lecteur du sainct Palais ». La page de titre attribue par ailleurs la préface à un prénommé Eusebius – littéralement « le respectant bien [Dieu] ». Enfin, au verso du dernier feuillet, notre traité prétend avoir été « Imprimé à Romme, par Clement de Medicis [Clément VII, pape du 19 nov. 1523 au 26 sept. 1534], au chasteau sainct Ange. Cum privilegio Apostolico ». Invraisemblable…

Par la sagacité d'une historienne neuchâteloise, Gabrielle Berthoud, nous savons, depuis près de trente ans, que la présente édition des *Faictz* provient de l'atelier d'un imprimeur répondant au nom de Pierre de Vingle.

Pierre de Vingle – d'origine picarde comme Jean Calvin et bien d'autres artisans de la réforme francophone – commença à travailler à Lyon autour de 1525 dans l'atelier de son beau-père Claude Nourry (le premier imprimeur du *Pantagruel* de François Rabelais, paru entre l'hiver 1531/32 et l'automne 1532). Il y produisit entre autres des *Nouveaux Testaments* en français (tous non datés), deux traités d'Erasme en français (non datés) et les deux premières éditions du *Sommaire* de Farel, sans nom d'auteur, datées l'une de 1529, l'autre de 1531 (on ne connaît aucun exemplaire de ces deux éditions). Probablement à l'instigation du Dauphinois Guillaume Farel – qui, à la fin de l'été 1532, avait obtenu des Vaudois du Piémont les fonds nécessaires au financement d'un projet d'imprimerie caressé au moins depuis 1524 –, Pierre de Vingle accepta en octobre 1532 de quitter Lyon et de se rendre en Romandie (en grande partie encore savoyarde) pour devenir l'imprimeur d'un groupe de prédicateurs souvent itinérants, militant pour certains dès 1526 dans le sens d'une réforme *en rupture* avec Rome. Après avoir vainement cherché, au printemps 1533, à établir et à maintenir son imprimerie à Genève (encore catholique), Pierre de Vingle s'installa à Neuchâtel entre fin juin et début août de la même année. Ce bourg, sis dans un comté francophone appartenant à la maison d'Orléans-Longueville, avait l'avantage d'être parvenu, avec l'appui du canton helvétique de Berne, à se démarquer de la religion de ses maîtres en cautionnant, en novembre 1530, la « foi nouvelle » que lui avait prêchée Guillaume Farel – encore lui. Depuis novembre 1526, Farel œuvrait en Romandie. Il commença à prêcher sur les terres que Berne et Fribourg avaient nouvellement conquises au cours de la lutte qui les avait opposés à la maison de Bourgogne. Le modèle imité par Farel était de toute évidence le missionnaire Paul, lui aussi, sans cesse en déplacement. C'est encore Farel qui, en juillet 1536, allait retenir à Genève avec force objurgations Jean Calvin, en route entre Paris et Bâle…

Pour déterminer le lieu (Lyon, Genève ou Neuchâtel) et l'époque d'impression des *Faictz,* tous deux restés indéfinis, l'étude du papier employé n'est pas d'un grand secours, puisque celui-ci ne comporte aucun filigrane. L'étude des trois initiales ornées se révèle en revanche fructueuse. Celles-ci se retrouvent toutes *uniquement* dans les impressions neuchâteloises de Pierre de Vingle. Le « L » de grande taille du folio A_{ij} r°, le « E » de petite taille du folio E_i v° et le « L » de petite taille du folio E_{iv} r° se retrouvent tous trois, pour la première fois, dans le *Nouveau Testament* de mars 1534 ; le « L » de petite taille apparaît aussi dans le *Sommaire* de Farel de décembre 1534, et le « L » de grande taille dans la bible d'Olivétan de juin 1535. Notre traité a donc vu le jour entre le mois d'août 1533, date du début des activités de Pierre de Vingle à Neuchâtel, et le 26 septembre 1534, date du décès du pape Clément VII duquel, nous l'avons vu, l'impression se réclame et qui, dans l'épître au lecteur, est aussi le dernier des papes conspués d'une série ordonnée chronologiquement et énumérant Paul [II], Alexandre [VI], Jules [II] et Léon [X].

Que se passe-t-il de remarquable en France, au cours de cette période de treize mois, qui aurait pu inciter les activistes *d'origine française* (de plus en plus nombreux) œuvrant en Romandie et cherchant à diffuser leurs idées en terres françaises à produire l'opuscule polémique des *Faictz ?* Ce pourrait bien être la longue rencontre, entre la mi-octobre et la mi-novembre 1533, de François Ier avec le pape Clément VII à Marseille. Les deux potentats y célébrèrent, le 27 et le 28 octobre 1533, le mariage d'Henri (le futur Henri II), fils cadet du roi, avec Catherine de Médicis, petite cousine du pape, alors que ce dernier en profitait pour publier le 10 novembre 1533 une bulle contre les « luthériens » de

France, enregistrée par le parlement de Paris en décembre de ladite année. C'est pendant ou peu après cette entrevue que ce traité pourrait avoir vu le jour. Qu'il se dise imprimé au château papal Saint-Ange de Rome est tout sauf innocent. Cette citadelle fut celle-là même où Clément VII dut se réfugier six ans plus tôt, en mai 1527, alors que Rome était mise à feu et à sang par les troupes impériales. En outre, il n'est pas impossible que cette indication farfelue recèle une ironie supplémentaire à l'encontre du pape Clément VII : il suffit qu'il ait le dos tourné, pour qu'en son fief paraisse un traité mettant sa fonction en cause – un traité présenté de surcroît au grand public par son propre « lecteur » !

Après avoir démasqué l'imprimeur du traité et élucidé les circonstances probables de son origine, tournons-nous vers les détails de sa fabrication. Lorsqu'on examine et compare attentivement l'édition latine du *Passional* de Wittenberg, du printemps 1521, son adaptation strasbourgeoise, du second semestre de 1521, augmentée de deux nouvelles paires d'antithèses, et la mouture française des *Faictz,* de fin 1533, enrichie d'une paire d'antithèses supplémentaire et de commentaires amplifiés, on aboutit à des résultats fort intéressants.

Tout d'abord sur le plan iconographique, on constate que *deux artisans* ont travaillé simultanément à la confection des bois de l'édition neuchâteloise.

L'un était responsable des bois relatifs au pape. Il avait pour modèle la version latine du *Passional* de Wittenberg, dont il a reproduit fidèlement les bois, sans les inverser (**ill. 3**), à une demi-exception près, dans la mesure où l'arrière-plan du bois illustrant le parti papal de la septième paire d'antithèses a été simplifié ou épuré.

Pendant ce temps, l'autre artisan, qui avait sous les yeux la *seconde* des deux éditions allemandes strasbourgeoises du *Passional,* confectionnait le bois de la page de titre et ceux illustrant la vie du Christ. Tout comme son modèle strasbourgeois, il s'en tint à une seule et même vignette pour illustrer les sections réservées au Christ des paires d'antithèses dix (déjà présente à Wittenberg) et treize (introduite par Strasbourg). Cet artisan reproduisit également fidèlement et sans inversion les bois strasbourgeois, alors que ceux-ci ne sont pas des reproductions fidèles des bois de Wittenberg et en inversent souvent l'image – une observation suggérant dans le cas du *Passional* de Strasbourg également l'intervention de plusieurs artisans graveurs. Notons que, tout en reproduisant fidèlement et sans inversion les modèles de Strasbourg, le second artisan des *Faictz* a eu l'heureuse initiative de moins hachurer l'image ; ce qui confère à ses vignettes une plus grande élégance et une meilleure lisibilité (**ill. 4**).

On observe enfin que trois vignettes de l'édition neuchâteloise n'ont leur origine ni à Wittenberg ni à Strasbourg, à savoir les deux vignettes illustrant la nouvelle paire d'antithèses quinze, spécifique à Neuchâtel, et celle représentant la naissance du Christ dans la paire d'antithèses huit.

Ces trois bois sont nettement plus petits que les vignettes s'inspirant des modèles de Wittenberg et de Strasbourg et, de surcroît, d'un genre différent. Ils proviennent visiblement d'autres artistes et pourraient avoir été empruntés par l'imprimeur Pierre de Vingle à des stocks de bois déjà existants. Signalons qu'à Strasbourg déjà le bois de la page de titre – inexistant à Wittenberg – tout comme celui illustrant la naissance du Christ n'ont pas été spécialement élaborés pour le projet de réédition du *Passional,* mais empruntés eux aussi à des stocks plus anciens.

Au hasard de mes recherches, j'ai pu découvrir la vignette illustrant l'élévation de l'hostie par le prêtre de la quinzième paire d'antithèses. Elle a été employée par exemple en 1527 à Lyon, dans le commentaire de Gabriel Biel sur le canon de la messe, imprimé par Jean Crespin. Ce bois s'inspire visiblement d'un autre encore plus ancien, dessiné par Guillaume II Leroy et utilisé par l'imprimeur Jacques Ier Mareschal sur la page de titre du Missel de Clermont de 1525. On peut s'attendre à ce que la plus grande diffusion des *Faictz* résultant de la présente réimpression anastatique permette de retrouver plus facilement des traces d'emplois antérieurs des bois figurant la naissance du Christ ou encore la dernière cène du Seigneur.

Que suggère la découverte relative à la confection du matériel iconographique nécessaire aux *Faictz ?* Graver un bois exigeait du temps. Dans ce cas j'estime que les artisans – parce qu'ils ne travaillaient pas à partir d'esquisses mais à partir de modèles *déjà imprimés* – étaient en mesure d'achever un bois en l'espace de deux ou de trois jours. Les vingt-neuf bois expressément élaborés pour les *Faictz* (il convient en effet d'ôter au total des trente-deux bois les trois bois empruntés à des stocks déjà existants) ont donc dû exiger entre cinquante-huit jours (un peu plus de deux mois) et quatre-vingt-sept jours (un peu plus de trois mois) de labeur. Puisque *deux* maîtres graveurs ont œuvré simultanément, la réalisation des bois nécessaires a dû exiger, *dans le meilleur des cas,* un mois.

Le recours à deux graveurs pourrait en outre suggérer que l'élaboration du traité français s'est opérée dans l'urgence – ce qui s'accorderait bien avec les circonstances présumées de son origine : critiquer l'alliance de la maison royale française avec la famille du pape, ou encore répondre à la bulle du 10 novembre 1533.

L'enrôlement de deux graveurs nous conduit également à penser que, même si les *Faictz* ont bien été imprimés à Neuchâtel, leur élaboration iconographique a dû être réalisée dans une métropole plus importante que Neuchâtel, où il n'est guère envisageable que Pierre de Vingle ait eu à disposition deux graveurs. La cité toute proche de Bâle ou encore celle plus lointaine de Lyon (où Pierre de Vingle avait exercé son art pendant sept ans et où son épouse résidait encore) sont des candidates possibles. Que l'un des graveurs ait reproduit sans ciller l'inscription allemande d'un des bois de Strasbourg, ce qui, nous l'avons vu, obligea l'imprimeur à un

3a. Wittenberg

3b. Strasbourg

3c. Neuchâtel

4a. Wittenberg

4b. Strasbourg

4c. Neuchâtel

subterfuge, me conduit à favoriser Bâle. Or à Bâle œuvrait, dès 1518 au moins, un graveur sur métal, un Lorrain, répondant aux noms de Jacob Faber, Jacques Lefèvre, Vever ou encore Verier, sur lequel Frank Hieronymus a dernièrement attiré l'attention. Ce graveur connaissait personnellement Farel, lequel avait séjourné à Bâle entre la fin de 1523 et le début de juillet 1524. Une lettre d'Erasme au Conseil de Bâle, d'octobre 1524, nous apprend en effet que le maître graveur venait de diffuser à Lyon un libelle diffamatoire (aujourd'hui perdu) de Farel contre Erasme. C'est donc Bâle et plus particulièrement l'entourage du Lorrain Jacques Lefèvre qui pourraient bien un jour révéler les identités des graveurs à l'origine des bois taillés pour Pierre de Vingle.

Sur le plan typographique, on notera que les quatre vers latins inscrits sur la page de titre de l'édition neuchâteloise sont empruntés à l'édition latine wittenbergeoise du *Passional.* De Strasbourg proviennent, en revanche, les titres courants (inexistants dans les éditions de Wittenberg) par lesquels l'édition neuchâteloise introduit chacune de ses vignettes ; les manchettes explicatives latines (également absentes à Wittenberg) et deux paires d'antithèses (les treizième et quatorzième).

Ce cas, on le voit, illustre à merveille une fois de plus, combien, en ces années-là, la littérature religieuse produite dans les terres germaniques était bien connue des protagonistes français de la Réforme. Il fait apparaître également que, dans l'équipe francophone qui œuvra à la réalisation des *Faictz*, une personne au moins devait maîtriser l'allemand, puisque les titres courants en rimes allemandes du *Passional* strasbourgeois ont été rendus en français.

Qui se cache derrière l'adaptation française ?

Tout comme ses modèles germaniques, la version française sensiblement augmentée ne se réclame d'aucun auteur. Cet anonymat n'en entame pas pour autant la valeur, car une telle source permet tout aussi bien qu'un texte signé d'appréhender les mentalités d'une époque. Il est regrettable de constater que les historiens continuent trop souvent à bouder les documents dont le ou les auteurs ont, pour une raison ou une autre, préféré ne pas décliner leur identité. Cela dit, il reste tentant, et certes loisible, d'essayer de retrouver le ou les responsables d'un tel texte. Ce faisant, on risque néanmoins d'en faire trop et de promouvoir une attribution sur la base d'observations qui ne sont pas réellement contraignantes.

Dans le cas des *Faictz,* toutes les tentatives se sont jusqu'ici révélées infructueuses. Octavian Jarnea a comparé le texte de la quinzième paire d'antithèses aux écrits réfutant la messe que le Picard Antoine Marcourt rédigea à la fin de l'année 1534. Il ne put conclure à une participation de

Marcourt à la paire d'antithèses spécifique au traité des *Faictz*. Pour ma part, je ne vois pas non plus comment Farel, dont le style est si différent, pourrait en avoir été l'auteur, quoique je n'exclue pas que le Gapençais ait pu être le chef d'orchestre de toute l'entreprise – lui qui séjourna un temps à Bâle puis, un peu plus tard, à Strasbourg, entre 1524 et 1526. L'étude de la correspondance des réformateurs de langue française publiée par Herminjard montre bien qu'ils étaient nombreux ceux qui en ces années 1530 gravitaient autour de l'officine de Pierre de Vingle.

Lectorat visé

Les livres ont des parcours qu'il n'est possible ni de prévoir ni de reconstituer… Le fait que ce traité combine à la fois l'image et la langue vernaculaire, tout en retenant les manchettes en latin d'origine strasbourgeoise, sans doute pour conférer à l'imprimé une touche d'érudition ou de sérieux, montre que ses artisans souhaitaient qu'il fût lu du plus grand nombre. On ne connaît pour l'heure aucun témoignage d'époque relatif à la vente ou à la lecture de cette édition précise des *Faictz*. Cependant, dans la *Chronique* troyenne du protestant Nicolas Pithou de Chamgobert, on découvre comment des jeunes gens, parmi lesquels un peintre, s'étaient en 1557 retrouvés aux confins de la ville de Troyes pour tranquillement deviser et se passer des livres, et comment, en cette occasion, le livret intitulé (je reproduis ici tel quel le titre employé par la chronique) *Antithèse des faictz de Jesus-Christ et du pape* fut consulté. Bien que se rapportant probablement à une adaptation plus tardive, sensiblement augmentée et remaniée des *Faictz,* et non à la présente édition, ni même à l'une de ses rééditions, ce témoignage jette un éclairage sur les circonstances en lesquelles il était possible de découvrir ce type de littérature. Il permet en outre de mieux mesurer les risques potentiels encourus par les lecteurs ou propriétaires d'un tel imprimé. En l'occurrence, il y eut arrestation et autodafé des livres saisis.

Le lecteur visé était évidemment en premier lieu un habitant des terres francophones. Cela dit, il est probable que le livret, au vu des dangers auxquels il exposait, s'adressait davantage à des personnes arborant déjà quelque sympathie pour une réforme de l'Eglise ou du moins éprouvant de l'aversion pour l'Eglise établie et son clergé. N'oublions pas que l'anticléricalisme était alors monnaie courante en Europe. Un tel texte pouvait conforter l'opinion du lecteur, voire encourager ce dernier à y persister. Parmi les lecteurs potentiels, on ne manquera pas de nommer les hérétiques vaudois, « espars aux quatre parties de la Gaule », si l'on en croit le témoignage de l'un d'entre eux - celui du Picard et proche parent de Calvin, Pierre Robert alias Olivétan - dans sa présentation de sa traduction française intégrale (mais non première) de la bible parue chez l'im-

primeur des *Faictz,* en juin 1535. En effet, comme j'ai pu l'établir dernièrement, Pierre de Vingle comptait sur la clientèle vaudoise, laquelle ne
pouvait qu'être amusée et ravie par une publication mouchant et fusti-
geant si bien l'ennemi séculaire.

Destinée et fortune du traité

Pierre de Vingle, l'imprimeur des *Faictz,* disparaît au cours de la
seconde moitié de 1535, ou peut-être au début de l'année 1536, dans des
circonstances inconnues. Son absence des martyrologes genevois de la
seconde moitié du XVIᵉ s. donne à penser qu'il a été emporté par la mala-
die ou par un accident – survenu peut-être sur les chemins semés d'em-
bûches qu'il parcourait si souvent dans l'exercice de son métier, lequel
combinait la production typographique et le démarchage. Attestés sont, en
revanche, le remariage de sa veuve avec l'imprimeur lyonnais Jean Pidier,
tout comme une reconnaissance de dettes, datée du 19 octobre 1537, et
contractée à l'égard d'un bourgeois neuchâtelois, Jean Merveilleux, par un
nommé Jean Michel, qui venait d'acheter le matériel typographique de
celui que ce document qualifie de « feuz Pierre de Vingle ».

L'imprimeur Jean Michel qui, au moment de cette acquisition, résidait
déjà dans le comté de Neuchâtel, est dans cette source déclaré originaire de
« Marrigny », alors qu'un registre des finances plus tardif, aujourd'hui aux
Archives d'Etat de Genève (Finances, M nᵒ 24, fol. 61), le dit venir de
« Marynant ». Le fait qu'il se soit engagé en juillet 1544 à former à son métier
un nommé Antoine Grivet de Maringues (Puy-de-Dôme) pourrait aiguiller
vers son lieu d'origine. Par son mariage, Jean Michel disposait à Lyon, tout
comme son prédécesseur, de liens de parenté d'une importance non négli-
geable. Il finira d'ailleurs par s'y retirer en 1545, après avoir exercé à partir
de 1538 son métier d'imprimeur dans une Genève dont les ténors religieux
(Calvin y compris – de retour de son exil strasbourgeois en septembre
1541) ne paraissent pas avoir été favorablement disposés à son égard.

Pour remplacer l'imprimeur disparu, Farel ne s'était pas tourné vers
Jean Michel, mais avait fait venir à Genève le « barbe » (l'évangéliste) vaudois Jean Girard qui, jusqu'en 1550 environ, c'est-à-dire jusqu'au moment
de l'arrivée des Jean Crespin (1548), Laurent de Normandie (1549),
Conrad Badius (1550) et Robert Estienne (1551), fut le principal imprimeur de Calvin à Genève. Jean Michel, désavantagé par ce contexte, réimprima à l'aide du matériel typographique déjà quelque peu démodé de
son prédécesseur une grande partie de la production neuchâteloise des
premières années ; ce qui traduit bien une nostalgie pour une époque
révolue, que cet homme n'était pas seul à regretter – je pense par exemple à Antoine Marcourt ou à Jean Le Comte. La réforme pour laquelle ils
s'étaient battus avait, grâce aux remises en question qui la nourrissaient,

rendu possible une certaine liberté dans l'agir et le croire – une liberté qu'ils sentaient alors menacée. Ils déploraient que cette réforme, qui était aussi la leur, fût (logiquement et nécessairement pour nous – mais guère pour eux) sur le point d'engendrer un nouveau système religieux, structuré par des ordonnances ecclésiastiques, et délimité par des croyances et des dogmes clairement définis.

Les réimpressions de Jean Michel se distinguent de celles de Pierre de Vingle essentiellement par le recours, dans la numérotation des cahiers, à des chiffres arabes (et non romains). Parmi ces reprises, le traité des *Faitz* (le *c* du *Faictz* de l'édition neuchâteloise disparaît) conservait le même titre mais pas la même mise en page, pour une raison toute simple : Jean Michel opta pour le format in-quarto (21 x 14 cm), plus petit que celui de la première édition. De ce fait, au lieu des vingt-quatre feuillets d'origine, la réédition genevoise en compte le double. Les vers latins et les vers « Au lecteur chrestien » de la page de titre font place à la seule précision « cum privilegio apostolico » (conséquence d'une page de titre plus réduite). Les thèses de chaque paire d'antithèses (excepté naturellement la quinzième) occupent désormais deux pages (au lieu d'une), de sorte que les bois ne se font plus face comme dans la mouture originale. Toutes les anciennes vignettes sont reprises, excepté celle de la page de titre, qui, à Neuchâtel, introduisait également la brève présentation des deux protagonistes du traité. En ces deux emplacements, l'ancienne vignette est, à Genève, remplacée par une autre, d'un artiste différent, mais mettant en scène le même sujet : le Christ couronné d'épines, se tenant entre saint Pierre et ses représentants actuels sur terre. L'ancienne vignette avait-elle été endommagée, égarée ou prêtée à un collègue qui avait oublié de la rendre ? Sur le plan de l'illustration, on observe le recours à d'autres lettrines – mais ici, rien de significatif à signaler. Quant au texte, la réédition genevoise ne présente que quatre modifications notables par rapport à son aînée neuchâteloise. Dans la troisième paire d'antithèses, à la fin du texte consacré au pape, l'imprimé de Jean Michel rajoute : « Les putains le baisent à la bouche et les autres ainsi qu'il advient ». Quant à la postface, elle développe – en l'augmentant presque de deux tiers – celle de Neuchâtel. Disparaissent en outre les « vers » dont elle était suivie et qui appelaient de leurs vœux la mort de Clément VII. A Genève, ces rimes cèdent la place à des citations bibliques. Enfin, l'indication farfelue du lieu d'impression ne conserve plus à Genève la précision « par Clement de Medicis ». Ces deux observations prouvent bien que le pape Clément n'était plus de ce monde au moment de la réimpression entreprise par Jean Michel. A noter toutefois que le passage qui, dans l'épître aux lecteurs, stigmatise – en respectant l'ordre chronologique – une série de papes expressément nommés n'a pas été pour autant mis à jour dans l'édition genevoise par l'adjonction d'une allusion à Paul III (Alessandro Farnese – pape du 13 octobre 1534 au 10 novembre 1549).

Quand on se penche sur les développements de la postface spécifiques à l'édition de Genève, on y découvre un clin d'œil au *Livre des marchans* d'Antoine Marcourt, que Pierre de Vingle avait imprimé une première fois en août 1533 et une seconde fois (avec des additions) en décembre 1534, avant que Jean Michel ne le réimprime également deux fois à Genève, en décembre 1541, puis, augmenté de nouveau, en 1544. Marcourt serait-il l'auteur de l'ajout genevois ? La réponse est négative, car on ne retrouve pas dans les textes du Picard les locutions et les expressions remarquables relevées ici (je remercie Geneviève Gross, qui m'a permis de consulter sa saisie de l'œuvre complète de Marcourt, dont elle prépare une édition critique). Se pose enfin la question de savoir si le style des développements de la postface est, comme j'en ai l'impression, compatible avec celui observé dans sa première partie ou encore dans les sections de textes spécifiques à la version française, telle la quinzième paire d'antithèses. En attendant que les spécialistes du moyen français en décident, je remarquerai que l'auteur de l'addition genevoise ne cherche en tout cas pas à donner l'impression d'avoir prolongé la prose d'un autre lorsqu'il conclut en ces termes : « J'ay tenu ce propoz *et* [je souligne] prolongé ceste epistre plus longuement que ne pensoy ; mais vous congnoissez assez (o fideles lecteurs) que d'un goufre on ne peult sortir quand on s'i met. Or est la papauté, le pape et ses gentz, avec leurs œuvres, une profunde mer, une abisme sans fin, ung puis [= puits] de feu bruslant, de feu puant, sulphureux, mortel et infernal, duquel nous vueille tous delivrer Jesus nostre Seigneur… » (fol. M$_4$ r°).

De la réédition de Jean Michel, on ne connaît plus que quatre exemplaires de par le monde, dont l'un est conservé au Musée historique de la Réformation, hébergé par l'Institut d'Histoire de la Réformation de l'Université de Genève.

La destinée des *Faictz* ne s'arrête pas à cette réédition, mais ce n'est pas ici le lieu d'en retracer l'histoire avec force détails - cela pourrait faire l'objet d'une étude en soi, d'ailleurs fort souhaitable. Je me limiterai donc à quelques indications laconiques et sélectives, en commençant par remarquer qu'il est possible que Jean Michel ait fait de cet opuscule d'autres réimpressions qui ne soient plus connues. L'une d'elles semble avoir inspiré une adaptation assez libre et sans vignettes, publiée sur trente-six feuillets in-quarto, sans indication de lieu ni de date, chez Mathias Apiarius - le seul imprimeur bernois de l'époque - et intitulée : *Geschicht vnd werck Jesu Christi, mit sampt des Bapsts vnnd der seinen, Auß welchen mann verston mag leichtlich den grossen vnderscheyd zwyschen jn(n) zweyen, welche newlich wider durchsehen, ernewert, gebessert, und gemehrt worden sind, nach außweisung vnd in(n)halt heyliger geschrifft, auß Frantzo^{e}sischer sprach, zu nutz des gemeyne(n) mans Teutscher nation deren nit erfaren, v(er)teutschet, vnnd verdolmetschet* (la Vadiana de Saint-Gall en conserve un exemplaire). Cette adaptation, datée de 1546, se réclame d'un « Johannes Auene von Ruffach », qui n'est autre que le futur juriste Johannes Affenheim, Avenheim, Avene ou Avenae de Rouffach (Haut-Rhin), au service du comte Georges de Wurtemberg. Avenheim décéda, semble-t-il, prématurément entre 1552 et 1555. Il venait (avant mars 1546) d'obtenir à Heidelberg le titre de « magister artium ». Sa dédicace, adressée au futur duc Christophe de Wurtemberg, pourrait suggérer un séjour à Lausanne, au cours duquel Avenheim aurait eu connaissance des *Faitz* et aurait été incité, par des hommes versés dans l'Ecriture sainte, à traduire ce traité (fol. A$_2$ v°), mis à l'index romain dès 1559. Avenheim semble avoir poursuivi son voyage d'étude en Italie, notamment à Parme, d'où, en 1548, il dédicaça au comte Ottheinrich du Palatinat la traduction allemande d'un traité d'Antonio Zantani – dédicace conservée aujourd'hui au département des manuscrits de la bibliothèque universitaire de Heidelberg.

L'édition genevoise des *Faitz* connut de plus sous le même titre une réédition non datée et non signée comptant quarante-quatre feuillets in-octavo, imprimés à l'aide de petits caractères romains et italiques. L'imprimeur réutilisa – il n'y a aucun doute – et les trente et une vignettes de Pierre de Vingle, dont Jean Michel était devenu propriétaire, et la vignette spécifique à Jean Michel, employée dans ce cas uniquement à l'emplacement introduisant les deux protagonistes de l'opuscule, le Christ et le pape, alors que sur la page de titre on découvre un autre bois, emprunté à un stock déjà existant, et mettant en scène une fois de plus le sujet déjà illustré (nous l'avons vu) par les éditions strasbourgeoises. De cette réédition, on ne connaît que deux exemplaires : l'un à la Vadiana de Saint-Gall, l'autre, redécouvert en 1997 par William Kemp, à la John Rylands University Library de Manchester. Mes efforts – jusqu'ici infructueux – visant à en identifier l'imprimeur n'ont pas abouti du côté des officines genevoises de l'époque. L'existence d'une bible en français, imprimée « à Lyon, par les heritiers [Pierre et Etienne ?] de feu Jean Michel » en 1556 (bible répertoriée par Bettye Chambers), me conduit à privilégier la piste lyonnaise, d'autant plus que l'on retrouve dans les bibles en français imprimées à Lyon en 1547 et 1548 par Guillaume Ier Rouillé et Thibault Payen le bois de l'arche de Noé (réalisé par le peintre graveur Guillaume II Leroy, dit Guillaume le Flamand) que Pierre de Vingle avait apposé en décembre 1533 au bas de la page de titre de la pseudo-confession de l'enseignant à la Sorbonne, Noël Bédier. Auparavant, ce bois avait notamment servi à l'imprimeur lyonnais Etienne Gueynard, dit Pinet, dans une bible latine de 1516 décrite par Baudrier.

Parmi les imprimeurs qui pourraient avoir été les maîtres d'œuvre de cette réédition du traité imprimé par Jean Michel, je soupçonne avant tout Jean Saugrain. Les petits caractères romains qu'on y observe pourraient bien être ceux utilisés pour la plaquette signalée par Baudrier et intitulée : *Taxe des parties casuelles de la boutique du pape, en latin et en*

François, avec annotations prinses des decretz, concilles et canons tant vieux que modernes, pour la verification de la discipline anciennement observee en l'Eglise, par A.D.P. [= Antoine Du Pinet], [Lyon], 1564.

En 1961, Paul Chaix a montré comment l'opuscule des *Faictz* a inspiré sans conteste les sujets traités par un ouvrage en latin réalisé par un enseignant du collège de Lausanne, Simon Du Rosier, et imprimé en 1557 à Genève, sans mention de lieu, par Zacharie Durant, explicitement mentionné quant à lui. On retrouve dans cet ouvrage les titres des paires d'antithèses ainsi qu'une iconographie s'inspirant en grande partie de celle des *Faictz,* même si elle s'en écarte parfois ou innove. Les textes associés ici aux images font de cette adaptation un livre entièrement nouveau et original. La prose maladroite au service de l'artillerie lourde déployée par les *Faictz* est remplacée par des vers dont le contenu correspond bien mieux qu'à Neuchâtel aux scènes représentées par les vignettes. De plus, grâce à une mise en page fort adroite (les pages relatives au Christ sont imprimées en caractères romains au verso des feuillets ; celles relatives au pape sont imprimées en caractères italiques au recto des feuillets), il est de nouveau possible de comparer entre elles d'un coup d'œil, sans devoir tourner les pages, les images associées aux deux protagonistes. A signaler aussi que l'on passe de seize à dix-huit paires d'antithèses, présentées dans un nouvel ordre, celui de la « chronologie » du Christ. A noter enfin que la dernière et nouvelle paire d'antithèses, la dix-huitième (« Moses excipit a parente summo leges, quas populis tulisse constat / Quas, lector, tulit impius Satanas, leges excipit hîc miser tyrannus », ce qui, dans la version française, se réduit plus laconiquement à : « Les commandemens de Dieu, nostre Createur / Les commandemens du Pape »), n'est pas sans évoquer la quatrième des paires d'antithèses de Wycliffe, qui oppose la loi parfaite du Christ aux lois nouvelles et tyranniques du pape.

Ce traité de quarante-quatre feuillets de format in-octavo s'intitule : *Antithesis de præclaris Christi et indignis papæ facinoribus...* Il arbore une marque typographique sur la page de titre et présente trente-six illustrations différentes réalisées à l'aide de bois sans doute cofinancés par les imprimeurs Zacharie Durant et Jean Crespin. Dès le printemps 1557, ce dernier réutilisa plusieurs fois l'un ou l'autre de ces bois, lesquels finirent tous entre les mains de son gendre et successeur, Eustache Vignon. Sur les trente-six vignettes, quinze peuvent être considérées comme étant très ou assez semblables à leurs modèles neuchâtelois ; sept s'en inspirent de toute évidence par plusieurs détails, même si le résultat d'ensemble s'éloigne des modèles ; huit sont différentes tout en illustrant la même scène et six sont nouvelles par les sujets mêmes qu'elles représentent.

Ces bois, réalisés par un ou par plusieurs artisans restés anonymes, ont été associés au nom du graveur Pierre Eskrich, dit Cruche ou Vase. Dans quatre cas on observe dans l'illustration une cruche là où le modèle n'en avait pas. Dans la version latine du traité déjà mentionné de Barthélemy

Aneau (*Picta poesis,* Lyon, Mathieu Bonhomme, 1552), on trouve une série de bois qui ont tout l'air de provenir de l'artiste ou du moins de l'atelier à l'origine des illustrations du traité de Simon Du Rosier ; mais là encore le nom de Pierre Eskrich ne fait pas l'unanimité. A signaler enfin une influence possible des vignettes réalisées par Bernard Salomon pour le Nouveau Testament en français publié à Lyon pour la première fois en 1553 par Jean Ier de Tournes – je pense plus particulièrement aux bois qui représentent la dernière cène (douzième paire d'antithèses de l'*Antithesis*), le lavement des pieds (treizième paire), la flagellation du Christ (quatorzième), le portement de la croix (seizième) et l'ascension (dix-septième).

De l'*Antithesis* latine l'on connaît des exemplaires dont seule la page de titre a été *en partie* recomposée, pour porter la date de 1558 (c'est ce qu'on appelle une nouvelle émission), avant qu'Eustache Vignon en réalise une réédition en 1578.

Jusqu'à ce jour on datait de 1560 la première édition de la mouture française de ce traité (dont les vers souvent fort éloignés des vers latins s'en inspirent néanmoins). De cette année-là, on conserve en effet deux exemplaires sans indication d'officine, mais confectionnés par l'imprimeur qui a réalisé l'édition latine genevoise de 1557. Cette édition s'intitule *Antithese des faicts de Iesus Christ et dv pape, nouuellement mis en vers françois* (**ill. 5**). Elle est accompagnée de toute une série de docu-

5. Début d'une paire d'antithèses de l'adaptation française
réalisée par Simon Du Rosier (1560)

5a. Christ   5b. Pape

72

ments sur le même sujet (il en est déjà ainsi dans la version latine, comportant toutefois un nombre moindre de pièces annexes). Cet in-octavo de cinquante feuillets recourt aux mêmes bois que l'édition latine. La Bibliothèque des pasteurs de Neuchâtel en conserve un exemplaire.

Le témoignage déjà cité de Nicolas Pithou de Champgobert semble bien changer la donne relative à la datation de cette version française. Il nous conduit à penser qu'elle fut imprimée dès 1557, même si de nos jours nous n'en connaissons aucun exemplaire. Brunet signalait, quant à lui, une édition qui aurait porté la date de 1561. La banque de données GLN 15-16 de la production imprimée aux XVe et XVIe s. des villes de Genève, Lausanne (et Morges) et Neuchâtel, élaborée par l'infatigable Jean-François Gilmont (banque de données hébergée sur le site web de la Bibliothèque de Genève), nous indique que la Houghton Library, Cambridge, Massachusetts, en possède un exemplaire. Eustache Vignon réimprima en 1578 également l'*Antithèse* en français, sans la signer du nom de son officine et tout en lui ajoutant de nouvelles annexes. Puis, il la réimprima quasiment page pour page en 1584 avant qu'en 1600 son édition ne soit reproduite selon le même principe par ses héritiers (qui ne signèrent pas davantage).

Les éditions françaises connues de l'*Antithese* n'indiquent pas le nom de l'imprimeur (quoiqu'elles conservent généralement une marque typographique qui, n'étant pas nominative, est peu compromettante), alors que les latines le précisent toujours. Le nom de Simon Du Rosier disparaît également des éditions françaises, alors qu'il est bien présent dans les éditions latines de 1557/58 et de 1578. La dédicace versifiée des éditions latines, adressée à des conseillers bernois (Johann [I] « Steghel », c'est-à-dire Steiger, et Hieronymus Manuel), disparaît elle aussi des éditions françaises et fait place à une épître dédicatoire anonyme non datée, adressée « A tous les fideles chrestiens ». Cette épître reprend quant à elle de longs passages de l'introduction à l'édition des *Fai(c)tz*. C'est que les éditions françaises s'adressent au public du royaume de France, alors que les éditions latines sont destinées aux espaces germaniques – d'où l'absence, dans l'édition latine de 1578, des vers offensants s'en prenant à l'hostie, reproduits dans la version française de la même année : ils n'auraient qu'attisé le différend opposant alors luthériens et « sacramentaires » réformés.

Du destin des *Faictz* de Neuchâtel il en va comme de certains mots qui quittent leur terre d'origine pour y revenir plus tard, mais transformés – enrichis de sons ou de sens nouveaux. S'inspirant, comme nous l'avons vu, de sources provenant de terres germaniques, le traité des *Faictz* finira lui aussi par y retourner, sous forme modifiée, via l'*Antithesis* de Simon Du Rosier. Celle-ci suscitera en effet une adaptation allemande parue sans précision de lieu ni de date chez l'imprimeur Johann Mayer de Heidelberg, sous le titre : *Antithesis. Von des Herrn Christi herrlichen tha-*

ten vnd des schentlichen Pabsts vnd Antichrists schedlichen schanden vnd lastern...

Cette publication est à situer entre 1557, date de parution de l'*Antithesis* latine, et 1563, année en laquelle le même imprimeur de Heidelberg présenta au public allemand une nouvelle mouture de sa production, intitulée : *Antithesis. Das ist kurtze beschreibung Christi vnd des Antichrists, darin jr beider Art, lehr vnd thaten gegen einander werden gehalten.* Dans l'avant-propos à cette dernière édition, l'imprimeur explique que sa précédente publication, dont le texte était versifié (comme l'était celui du modèle latin dont elle s'inspirait), était « un peu trop compliquée et donc incompréhensible pour le commun des mortels » ; ce qui l'a conduit, explique-t-il, à présenter sous une nouvelle forme cette œuvre illustrée, et à accompagner cette fois-ci l'image de prose au lieu de vers. Le livret, enrichi comme son modèle latin de pièces annexes, compte soixante-douze feuillets de format in-octavo, illustrés de trente-six bois, réalisés de façon servile, avec d'infimes modifications sans conséquences, à partir des bois employés par Zacharie Durant.

C'est ainsi qu'avec ces deux impressions allemandes, auxquelles s'ajoutent celle non illustrée déjà parue en 1546 à Berne, le cours engendré en terres francophones par les *Faictz* de Neuchâtel rejoint cet autre cours, également généré par la publication du *Passional*, s'écoulant quant à lui à travers l'Allemagne, en direction des pays rhénans (l'actuelle Belgique) pour chercher à atteindre (comme le montre l'étude de Catherine Dejeumont et de William Kemp) la lointaine Angleterre.

Indications en vue du déchiffrement du texte

Pour faciliter au lecteur contemporain l'accès à ce texte, quelques conseils et précisions s'imposent.

Tout d'abord sur le plan des *caractères typographiques,* on veillera à se familiariser avec le *s long* (page de titre, 2e ligne, 1er mot, 3e lettre) et à le distinguer du *f* (à la même ligne, 3e mot, 1re lettre). On s'imprégnera aussi des figures qui représentent le *x* (à la même ligne, dernière lettre de l'avant-dernier mot) et le *v* (page de titre, 4e ligne du bas, 1re lettre du 3e mot) et l'on remarquera que la barre verticale du *t* monte relativement peu – ce qui pourrait provoquer des confusions avec le *i* ou le *r.*

Sur le plan de *la graphie des mots,* il convient avant tout de noter que ce texte ne recourt pas à l'apostrophe (*quil = qu'il/ daffection = d'affection/ leaue = l'eaue = l'eau*) et que les *i, j* et *y* d'une part et les *u* et *v* d'autre part sont respectivement interchangeables, de sorte que, si un mot n'évoque rien, cela pourrait tout simplement provenir d'une mauvaise interprétation de l'un de ces cinq caractères (ainsi : *iour = jour/ iniure = injure/ icy = ici/ suyuent = suivent/ layde = l'aide/ liuret = livret*). On notera que les lettres *st* ou *ct* correspondent souvent à un simple *t* (*monstre = montre/ faict = fait*), *cq* à un *q* (*vnicque = unique*) ; *aul* et *eul* respectivement à *au* et à *eu* (*mauldit = maudit/ eulx = eux*) ; que *es* et *ez* correspondent généralement à un *e* accentué (*estre = être/ destruict = détruit/ euesque = évêque/ paouretez = paovreté = pauvreté*) parfois suivi d'un *s* (*amenez = amenés*) et que le *z final* après une lettre autre que *e* équivaut à notre *s* (*filz = fils/ voz = vos/ laiz = laï[c]s*). Enfin il est bon de savoir que les diphtongues *ai* et *ei* sont interchangeables (*plaine = pleine/ feiz = fais*) ; que *eu* peut équivaloir à *u* (ainsi *peu = peu* ou *pu/ pleu = plu/ neust = n'eût*) ; que les lettres *ins* et *indr* correspondent parfois à nos *is* ou *ir* (*prins = pris/ prindrent = prirent*) ; et que *ngn* équivaut à *gn* ou *nn* (*congneut = connut*).

Sur le plan des *abréviations et des signes particuliers,* on notera que *et* est presque toujours abrégé par le signe trouvé par exemple avant le dernier mot de la page de titre ; que les lettres *con* sont rarement abrégées par le signe rencontré au fol. D_{ij} r° (au 3ᵉ mot de la page – lequel signifie *contre*) ; que ^{9} (en exposant) abrège les lettres *us* (*to^9 = tous/ pl^9 = plus/ de^9 = deus = dieu*) et que le signe ressemblant à un *r* cursif en exposant abrège les lettres *ur* (*le^{r}s = leurs/ io^r = jour/ po^r = pour*) ; que le tilde sur une voyelle (ex. : *ẽ*) abrège presque toujours un *n* ou un *m*, mais qu'il peut aussi (c'est néanmoins rare dans cet imprimé) signaler un mot abrégé (*cõe = comme/ hõe = homme/ nr̃e = notre/ qõ = quaestio*) ; que *q̃* abrège *que* (*q̃lq̃ = quelque(s)/ leq̃l = lequel*) ; *p̃, pre* ou *pri* ; et *p̱, per* ou *par* (*p̱* tout seul signifie *par* – voir p. ex. fol. D_{iiij} r°, 6ᵉ ligne du bas, 6ᵉ mot) ; qu'enfin le *q surmonté d'un point* (très fréquent) équivaut à *qui* (le 2ᵉ mot de la 7ᵉ ligne du fol. D_{iiij} r° signifie de ce fait *qu'il*).

Sur le plan de la *langue,* ce texte présente évidemment un autre état du français que le nôtre. Pour le sens des mots posant des problèmes, on se reportera utilement au très commode *Dictionnaire du moyen français. La Renaissance* (Paris, Larousse, 2001) élaboré par Algirdas Julien Greimas et Teresa Mary Keane. Je me bornerai ici à attirer l'attention sur deux mots qui, parce qu'ils sont de faux amis, induisent facilement en erreur ceux qui ne fréquentent pas les textes en moyen français. Il s'agit des mots *ains* et *pourtant.* Le premier signifie *mais.* Le second *c'est pourquoi.* On notera cependant que *pourtant que* signifie *parce que, comme,* ou, quand il est suivi d'un subjonctif, *pourvu que, à condition que.*

Enfin, que le lecteur ne s'effraye pas des *mots latins* (souvent abrégés de surcroît) rencontrés dans ces textes : ils n'en entravent pas la compréhension, dans la mesure où ils ne servent qu'à localiser des passages du Droit Canon auxquels ils renvoient.

Bibliographie

Die Amerbachkorrespondenz, éd. par Alfred Hartmann (t. 1 à 5) et Beat Rudolf Jenny (à partir du t. 6), t. 1, Basel, Verlag der Universitätsbibliothek, 1943 – (à propos de Johannes Avenheim de Rouffach, consulter le t. 8, nᵒˢ 3455 et 3502, et t. 9/2, p. 510).

Aspects de la propagande religieuse, Genève, Droz, 1957 (Travaux d'Humanisme et Renaissance, 28).

BAUDRIER, Henri-Louis (continué par BAUDRIER, Julien), *Bibliographie lyonnaise. Recherches sur les imprimeurs, libraires, relieurs et fondeurs de lettres à Lyon au XVIᵉ s.,* 13 tt., Lyon, A. puis L. Brun, puis Paris, A. Picard et fils, 1895-1921. Tables par Georges Tricou, Genève & Lille, Droz et Giard, 1950 ; et compléments à la Table de Tricou par Henry Joly, Lyon, Société des Amis de la bibliothèque, 1963 (Réimpression : Paris, F. de Nobelle 1964/65).

BENEDICT, Philipp, *Rouen During the Wars of Religion,* Cambridge, Cambridge University Press, 1981 (Cambridge Studies in Early Modern History), p. 54-56 (à propos du placard de la « marmite renversée » (1562 ou peu avant) dont la prose de la *Polymachie des marmitons,* 1562, se fait l'écho).

---, *Graphic History. The 'Wars, Massacres and Troubles' of Tortorel and Perrissin,* Genève, Droz, 2007 (Travaux d'Humanisme et Renaissance, 431).

BERTHOUD, Gabrielle, « La «Confession» de maître Noël Bédier et le problème de son auteur », dans : *Bibliothèque d'Humanisme et Renaissance,* t. 29, 1967, p. 373-397.

---, « Les impressions genevoises de Jean Michel (1538-1544) », dans : *Cinq siècles d'imprimerie genevoise,* Actes du Colloque international sur l'histoire de l'imprimerie et du livre à Genève, 27-30 avril 1978, éd. par Jean-Daniel Candaux et Bernard Lescaze, Genève, Société d'histoire et d'archéologie de Genève, 1980, t. 1, p. 62-67.

---, *Antoine Marcourt, réformateur et pamphlétaire du "Livre des marchans" aux Placards de 1534,* Genève, Droz, 1973 (Travaux d'Humanisme et Renaissance, 129).

BODENMANN, Reinhard, « Les vaudois et la production du livre évangélique français (1525-1550) », dans : *Libri, biblioteche e cultura nelle Valli valdesi in età moderna,* Atti del XLIV Convegno di studi sulla Riforma e sui movimenti religiosi in Italia, Torre Pellice, 28-29 agosto 2004, éd. par Marco Fratini, Torino, Claudiana, 2006 (Collana della Società di studi Valdesi, 25), p. 21-59.

---, « Farel et le livre réformé », dans : *Le Livre évangélique en français avant Calvin. Etudes originales, publication d'inédits, catalogues d'éditions anciennes,* éd. par Jean-François Gilmont et William Kemp, Turnhout, 2004 (Nugae humanisticae, 4), p. 13-39.

--- & KEMP, William, « *Les Faictz de Jesus Christ et du Pape* (fin 1533). Aux origines germaniques d'un traité illustré de langue française », dans : *La Réforme dans l'espace germanique au XVIe siècle*, Montbéliard, Société d'émulation de Montbéliard, 2005, p. 181-204.

BRUNET, Jacques-Charles, *Manuel du libraire et de l'amateur de livres,* 5e éd., 6 tt. et 2 tt. de suppléments, Paris, Firmin-Didot frères, 1860-1865 et 1878-1880 respectivement (Réimpression : 1999).

CHAMBERS, Bettye Thomas, *Bibliography of French Bibles : Fifteenth- and Sixteenth- Century French-Language Editions of the Scriptures,* Genève, Droz, 1983 (Travaux d'Humanisme et de Renaissance, 192).

CHAIX, Paul, « Un pamphlet genevois du XVIe s.: l'*Antithèse* de Simon Du Rosier », dans : *Mélanges offerts à M. Paul-E. Martin par ses amis, ses collègues, ses élèves,* Genève, Société d'histoire et d'archéologie de Genève, 1961, p. 467-482.

---, *Recherches sur l'imprimerie à Genève de 1550 à 1564. Etude bibliographique, économique et littéraire,* Genève, Droz, 1954, p. 99.

Correspondance des Réformateurs dans les pays de langue française, éd. par Aimé-Louis Herminjard, recueillie et publiée avec d'autres lettres relatives à la Réforme et des notes historiques et biographiques, 9 tt., Genève et Paris, H. Georg & G. Fischbacher, 1866-1897, Réimpression : Nieuwkoop, B. De Graaf, 1965-1966.

DEJEUMONT, Catherine, & KEMP, William, « John Frith's *Antithesis of Christes Actes Compared to the Popes* (1529) in relation to Heinrich von Kettenbach's *Vergleychung* », dans : *Reformation. A Publication of the Tyndale Society,* t. 12, London, 2007, p. 33-68.

DROIN-BRIDEL, Monique, « Vingt-sept pamphlets huguenots (1560-1562) provenant de la bibliothèque Tronchin », dans : *Polémiques religieuses. Etudes et textes,* Genève & Paris, A. Jullien & H. Champion, 1979 (Mémoires et documents publiés par la Société d'histoire et d'archéologie de Genève, 48), p. 183-343 (à propos de Jean Saugrain).

DROZ, Eugénie, *Chemins de l'hérésie. Textes et documents,* 4 tt., Genève, Slatkine, 1970-1976.

DUFOUR, Théophile, *Notice bibliographique sur le Catéchisme et la Confession de foi de Calvin (1537) et sur les autres livres imprimés à Genève et à Neuchâtel dans les premiers temps de la Réforme (1533-1540),* Genève, reprint Slatkine, 1970 (de l'éd. de Genève, 1878, mais avec changement de pagination).

DUPÈBE, Jean, « Un document sur les persécutions de l'hiver 1533-1534 à Paris », dans : *Bibliothèque d'Humanisme et Renaissance,* t. 48:2, Genève, 1986, p. 405-417 (à propos de la pseudo confession de Noël Bédier).

ENGAMMARE, Maxence, « Cinquante ans de révision de la traduction biblique d'Olivétan. Les bibles réformées genevoises en français au

XVIᵉ s. », dans : *Bibliothèque d'Humanisme et Renaissance,* t. 53:2, Genève, 1991, p. 347-377.

FLEMING, Gerald, « On the Origin of the Passional Christi and Antichristi and Lucas Cranach the Elder's Iconography of the Passional », dans : *Gutenberg-Jahrbuch,* Mainz, 1973, p. 351-368.

French Vernacular Books. Books Published in the French Language before 1601, éd. par Andrew Pettegree, Malcolm Walsby et Alexander Wilkinson, Leyde, Brill, 2007.

GILMONT, Jean-François, *Le livre réformé au XVIᵉ siècle,* Paris, Bibliothèque nationale de France, 2005 (Conférences Léopold Delisle).

---, *Jean Calvin et le livre imprimé,* Genève, Droz, 1997 (Etudes de philologie et d'histoire ; Cahiers d'Humanisme et Renaissance, 50).

GROLL, Karin, *Das 'Passional Christi und Antichristi' von Lucas Cranach d. Ä.,* Bern, Frankfurt am Main, New-York, etc., Lang, 1990.

HIERONYMUS, Frank, « *Salutat te Nicolaus Episcopius, Jacobus Faber scalptor aerarius omnisque, ut verbo dicam, familia.* Jacobus Faber (c. 1500-c.1550), un graveur français à Bâle », dans : *Bulletin du bibliophile,* Paris, 2005/1, p. 64-84.

HIGMAN, Francis M., *Censorship and the Sorbonne. A Bibliographical Study of Books in French Censured by the Faculty of Theology of the University of Paris, 1520-1551,* Genève, Droz, 1979 (Travaux d'Humanisme et Renaissance, 172).

---, *La diffusion de la Réforme en France. 1520-1565,* Genève, Labor et Fides, 1992.

---, *Piety and the People. Religious Printing in French, 1511-1551,* Ipswich, Suffolk, Scolar Press, 1996 (St Andrews Studies in Reformation History).

---, *Lire et découvrir. La circulation des idées au temps de la Réforme,* Genève, Droz, 1998 (Travaux d'Humanisme et Renaissance, 326).

Les Imprimés réformés de Pierre de Vingle (Neuchâtel, 1533-1535), études présentées par Diane Desrosiers-Bonin et William Kemp, 2 tt., Montréal, Université McGill, 2007 (= *Littératures.* Publication du Département de langue et littérature françaises, Université de McGill, Montréal, Québec, Canada, t. 24/ 1 et 2).

JARNEA, Octavian Lucian, *'Les Faictz de Jesus Christ et du pape'. The Polemics of French Reform Before Calvin.* Mémoire de maîtrise de l'Université McGill, Montréal, 2006.

---, « L'utilisation polémique de textes classiques dans les Faictz de Jesus Christ et du pape », dans : *Les imprimés réformés de Pierre de Vingle (Neuchâtel, 1533-1535),* t. 1, Montréal, 2007, p. 217-236.

KEMP, William, voir s/s : BODENMANN, DEJEUMONT, *Imprimés réformés,* et *Livre évangélique.*

LESTRINGANT, Frank, « Une cartographie iconoclaste : 'La Mappe-Monde nouvelle papistique' de Pierre Eskrich et de Jean-Baptiste Trento

78

(1566-1567) », dans : *Géographie du monde au Moyen-Âge et à la Renaissance,* éd. par Monique Pelletier, Paris, Editions du C.T.H.S., 1989, p. 99-120.

LEUTRAT, Estelle, *Les Débuts de la gravure sur cuivre en France. Lyon, 1520-1565,* ouvrage préfacé par Sylvie Deswarte-Rosa, Genève, Droz, 2007 (Travaux d'Humanisme et Renaissance, 428). – J'en cite la p. 179.

Le Livre évangélique en français avant Calvin. Etudes originales, publication d'inédits, catalogues d'éditions anciennes, éd. par Jean-François Gilmont et William Kemp, Turnhout, Brepols, 2004 (Nugae humanisticae, 4).

MULLER, Frank, « Le thème du Pape-Antéchrist dans la polémique visuelle anti-catholique dans le Rhin supérieur au XVIᵉ siècle », dans : *Simpliciana. Schriften der Grimmelshausen-Gesellschaft,* t. 22, Bern, Frankfurt am Main, New-York, etc., 2000, p. 75-90.

PETTEGREE, Andrew, « Protestant Printing During the French Wars of Religion : The Lyon Press of Jean Saugrain », dans : *The Work of Heiko A. Oberman. Papers from the Symposium on His Seventieth Birthday,* éd. par Thomas A. Brady, Katherine G. Brady, Susan Karant-Nunn et James D. Tracy, Leiden, Brill, 2003, p. 109-129.

PITHOU DE CHAMGOBERT, Nicolas, *Chronique de Troyes et de la Champagne (1524-1594),* éd. à partir du ms. 698 du fonds Dupuy de la Bibliothèque nationale de France par Pierre-Eugène Leroy en coll. avec Isabelle Palasi, 2 tt., Reims, Presses universitaires, 1998, 2000.

La Réforme et le livre : l'Europe de l'imprimé (1527-v.1570), éd. par Jean-François Gilmont, Paris, Cerf, 1990.

Achevé d'imprimer en 2009
sur les presses de l'imprimerie Slatkine
à Genève (Suisse).